U0116514

南海　黃垤華岱峰　著
開平　潘熹玟群合　圖錄

香港山嶺志

何幼惠署

桂角山志　雞公山志
牛潭山志　麒麟山志

香港山嶺志

桂角山志・雞公山志・牛潭山志・麒麟山志

作　者　黃垤華
圖　錄　潘熹玟
責任編輯　張宇程
書籍設計　Kacey Wong
出　版　商務印書館（香港）有限公司
香港筲箕灣耀興道三號東滙廣場八樓
http://www.commercialpress.com.hk
發　行　香港聯合書刊物流有限公司
香港新界荃灣德士古道二二〇至二四八號
荃灣工業中心十六樓
印　刷　美雅印刷製本有限公司
九龍觀塘榮業街六號海濱工業大廈四樓A室
版　次　二〇二一年五月第一版第二次印刷
©2017 商務印書館（香港）有限公司
ISBN 978 962 07 5705 1
Printed in Hong Kong
版權所有　不得翻印

桂角山志

牛潭山志

雞公山志

麒麟山志

何幼惠署

【目錄】

序言

地名是人類社會發展的產物，也是一個地方的集體記憶，無論是自然景物、地方建築、人物事件或族羣的語言、信仰和風俗，都可以成為地名的組成部分，並得以傳承下去，它是一種無形的文化遺產。故此，在二〇〇七年的第九屆聯合國地名標準化大會上，確定了地名為非物質文化遺產，適用於《保護非物質文化遺產公約》。隨後，香港特別行政區政府亦在本地逐步進行有關工作。

黃埡華先生原籍廣東南海縣，其家族藏書頗豐。他雖然在香港長大受教育，但也受家族文化傳統的薰陶，國學根基良好，寫作多用「文言文」。業餘喜藏書，並從事中國傳統古籍「目錄學」研究，編纂《師堯堂藏書錄》。除此以外，他對本港及中國山川地理、風俗歷史，亦有很大興趣。自一九五〇年代末起，遍遊全港各角落，近年更廣及中國各處名山大川。每到一處，必設法訪問當地父老，搜集地理、歷史和人物資料，詳細紀錄，如情況許可，更繪畫簡圖或拍照供參考。

同時亦搜羅昔日刊印的當地輿圖，以輔助研究。過去三十年，曾多次應邀在香港歷史博物館及中央圖書館，作有關本港地理、鄉村風俗的公開講座。另一方面，香港政府地政測繪處自一九七〇年代開始製作及更新郊區地圖時，亦經常向他諮詢有關鄉村及山嶺的古稱或別名及其正確位置。一九九〇年本港興建新機場時，亦特別邀請他提供赤鱲角名稱及有關資料，作機場命名參考。

我於一九七〇年代初在新界工作時認識黃先生，其後遇到地名的疑難，都向他請教。退休後我學習寫作，稿件亦多次請他校閱和指正。他為人坦率，發現文中錯誤處，會毫無保留地指出，並協助改正，使我獲益不淺，他的確是一位良師益友！

黃先生多年來將其在本港各地探索所得，編寫成地理專輯多種，例如《香港輿地山川志備攷》、《香島地名錄存》、《香港水域航行舩錄》、《大嶼山志補編》等，都以打字印成小冊，贈送友好分享，亦曾自資刊印《三龍口傳說所涉諸島地理輯釋》，分送全港圖書館，供有興趣人士參考研究。不過這種安排，傳播範圍畢竟有限。

鑒於本港至今尚缺乏有系統的山川水域書刊，香港商務印書館最近邀請黃先生將其多年來的有關文章整理，並加入地圖和照片，集為《香港山嶺志》系列，分期出版。此舉一方面可保存本港原有地名的面貌，另一方面也為非物質文化遺產作出的一份貢獻。

本書的一個特點，就是用「文言文」體裁來編寫，在閱讀過程中，也使我們能重溫中國語文的另一種表達形式。

本書的地圖及全部照片為潘熹玟女士提供。她也是自然愛好者，對本港山川水域也頗有研究，這次以公餘時間為本書出版效力，其努力是值得讚賞和肯定的。

最後，謹祝本書出版成功！

饒玖才　二〇一六年二月一日

自序

余少好遨遊，憶昔五〇至六〇年代，余猶少壯，與友儕合組香江健行社，於公餘暇日，就香港境內山川，作汗漫之遊，踏遍境內各地，每至一處，除采風問俗，輒查訪地名，且深入山區探索，遇鄉人之樵耕於其間者，必趨而諮詢叩問，凡獲悉山川之土名，必詳為筆記，與仝人分工合作，錄之於《採訪冊》存之，並據以填入大比例輿圖系列中。如是積之既久，亦粲然可觀。此乃集眾友羣策羣力搜羅之績，功不可沒，實非余一人之力所能奏其功者也。眾推余為之董理，余嘗據以纂成書稿，曰《香港輿地山川志備攷》、《香港水域航行脞錄》、《香江方輿稽原略》、《香島地名錄存》、《大嶼山志補編》、《海隅辨言》等數種，然敝帚自珍，尚未梓行。今以境內山區地名，仍為土著所使用，故特取材於上述諸書，采有關記述本境主要山嶺內容者，遴而出之，率先整理，纂修山志，擬付剞劂，冀先輩所定地名，得以留傳後世，免其漸趨堙沒，斯乃本書之所由作也。

本書舊稿原稱《香港境內山嶺彙編》，雖據上述拙著數種以為藍本，惟均非迻錄其文，但求擷其旨要而已。今以舊稿全書，分成若干輯，將付梨棗，並更名曰《香港山嶺志》，尚冀有生之年，能將餘稿續交手民，用以公諸同好，並與喜言香港史地掌故學人，同享厥成耳。

山志內容，均取大比例地圖數種以作參照，相互配合，覈其方位，審其稱謂。校閱一過，覺地政總署所刊之今版地圖系列，地名尚多遺漏，高程數據，亦復寥寥，較之英方軍部所測地圖，實未免遜色。於是乃依後者之測量數據，補入各山嶺高度；而今版地圖之有譌誤者，亦隨之訂正，以匡其謬。

現香港已回歸中土，是故茲編所述，一律以中名為主，英名為輔，若外文之有特殊稱謂者，則仍納之，以供探索地名者之覆核與參考。至若現仍殘存境內之英式地名，有司亦理應恢復原名，及早付諸使用，庶免堙沒無聞焉。

書中所附地圖、對景圖及照片等，皆出自潘熹玟女士之手，彼嘗親歷其境，登山臨水，剪荊芟棘，實地拍攝，摭拾采集，碩果斐然。復以三餘之暇，費時數月整理，而終抵於成，此舉令本書生機盎然，真不啻牡丹綠葉，相得益彰者矣。

辱承來復會仝人協助，會長何幼惠先生、會友陳卓兄、何乃文兄惠賜墨寶題簽，為本書增色不少，欣喜奚似！又荷蒙香港中文大學圖書館鄒穎文女史，嘗就本書編纂，提供寶貴意見，高誼隆情，謹致謝忱！

邇來本境邊區，陸續解禁，余以八十高齡，耄耋之年，猶能跋涉其間，穿梭探訪。東自沙頭角，西迄勒馬洲，中及馬草壟至打鼓嶺一帶。足跡遍歷，包括中英街、山嘴、岡下、擔水坑、木棉頭、蓮蔴坑、白虎山、香園圍、松園下、週田、鳳凰湖、新屋嶺、得月樓、料壆各處，俱為昔日鴻爪之所未及，今有幸皆能親履之，亦人生一大快事也！爰筆諸簡端，以為雪泥之一證云爾。是為序。

二〇一六年歲次丙申，八十四叟黃垤華　岱峰甫識於師堯堂。

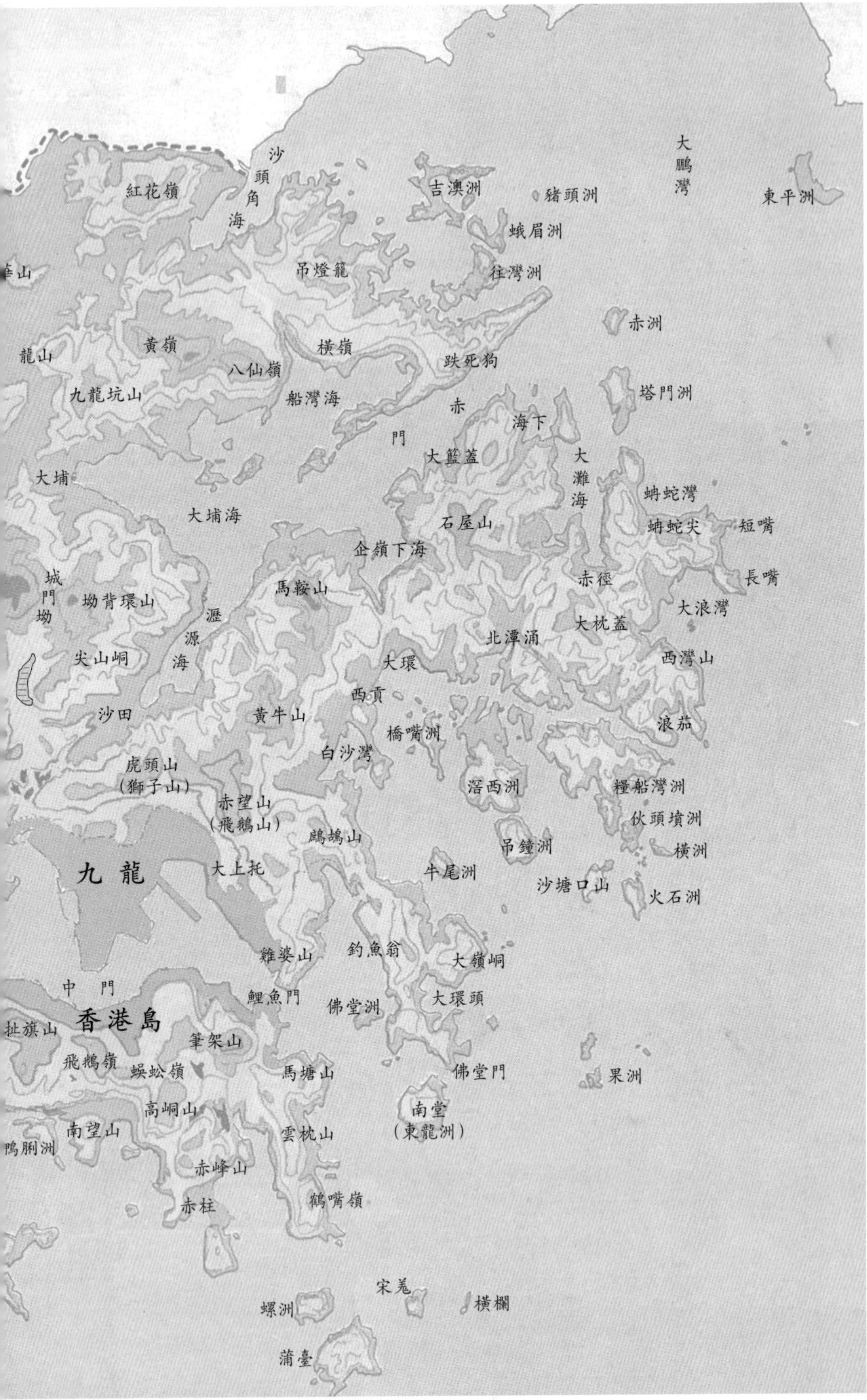
沙頭角海
紅花嶺
吉澳洲
豬頭洲
大鵬灣
東平洲
蛾眉洲
吊燈籠
往灣洲
赤洲
黃嶺
橫嶺
跌死狗
八仙嶺
九龍坑山
船灣海
塔門洲
赤門
海下
大籃蓋
大灘海
大埔
大埔海
蚺蛇灣
石屋山
蚺蛇尖
短嘴
企嶺下海
城門坳
馬鞍山
赤徑
長嘴
坳背環山
瀝源海
大浪灣
大枕蓋
北潭涌
尖山峒
大環
西灣山
西貢
沙田
黃牛山
浪茄
橋嘴洲
白沙灣
虎頭山
(獅子山)
滘西洲
糧船灣洲
赤望山
(飛鵝山)
伙頭墳洲
鷓鴣山
吊鐘洲
橫洲
九龍
大上托
牛尾洲
沙塘口山
火石洲
雞婆山
釣魚翁
大嶺峒
中門
鯉魚門
佛堂洲
大環頭
香港島
扯旗山
筆架山
飛鵝嶺
蜈蚣嶺
馬塘山
佛堂門
果洲
高峒山
南堂
(東龍洲)
南望山
鴨脷洲
雲枕山
赤峰山
鶴嘴嶺
赤柱
宋羌
螺洲
橫欄
蒲臺

【六O年代初期之香港全圖】

註：圖中所示者為土著沿用地名，亦可見船灣淡水湖、萬宜水庫、赤鱲角機場、青馬大橋等，當時均未興建。

導言：香港山嶺概述

香港山脈源出梧桐山

香港境內，遍地皆山。山嶺佔全境陸地面積約百分之六十，分散於新界各地，大小峰巒，星羅棋佈，然未有高度超越一千米者。茲就山嶺之走向，位主脈者先述之，次及其旁支者，而曼衍擴拓者則略之。山名全用中名，或用舊稱，藉以識其原貌，無論地名今日之變易如何，吾人亦不可不知其本。此為予等諮詢先輩之成果，積累多年之經歷，整理薈萃而成，甚屬珍貴，如有英名者亦加注標出，以資參證焉。

香港羣山，如龍蛇之蜿蜒起舞，氣勢磅礴，惟其主脈，實由深圳梧桐山而來，南向越伯公坳，入香港新界境，起一山，為仙人嶺。

仙人嶺

仙人嶺，擔水坑村人，總稱之曰亞公墩。【註一】仙人嶺八峰互舉，故又有小八仙之名，與八仙嶺南北遙遙相望。主峰純陽峒，標高為四三六米。【註二】自仙人嶺西向，過十二笏、越嶂頂坳，經燕子扶欙，前接紅花寨。

【註一】仙人嶺，英名『烏爾夫山』（Wolfe Mountain），因與紅花嶺同脈，故又總稱之為『曼迪斯山』（Mendips），參閱《香港地圖》GSGS3961 (1:80,000) 北幅所載，其名亦見於《英國海圖》（BAHO Chart）三五四四（1:12,140）「印洲塘」。所謂『烏爾夫山』者，則僅指東段之仙人嶺而言。

【註二】此據《香港地圖》GSGS3868（1:20,000）第七幅。◎埅案：因此套《香港地圖》之山嶺高度數據最多，故選用之以作標注，以下倣此。若有參閱其他地圖系列者，亦一併注明出處。又以上所述，乃節錄拙著《香港輿地山川志備攷》卷十《山川志》〔**仙人嶺**〕條所載。

紅花嶺　大瀝嶺

紅花寨高四八八米，【註一】上有戰壕遺蹟。又西為紅花嶺主峰，土名大窩山，高四九〇米。【註二】山脈至此折而南向，自直坑頂，降至石嘴山、經獅地坪，於禾坑坳過脈，沿陡嵴刀背徑，上達大瀝嶺。

大瀝嶺三峰鼎立，主峰大峒高四八五米，【註三】以大瀝出其山陰，故名。南過水門山，越老龍坳，接長排背上登屏風山，西走獅子嘔血。【註四】再循嵴西南，落坪岡嶺，於拋豬坑過峽，【註五】經雞公峒，越山尾坳，折而南向，登雞仔峒、大排峒，而直薄九龍坑山巔。

【註一】此據《香港地圖》GSGS3868（1:20,000）第七幅。紅花寨，英名『本納維斯山』（Ben Nevis）。

【註二】此據《香港地圖》GSGS3868（1:20,000）第七幅。峰背有平隖，土名大窩，因以得名。紅花嶺，英名『知更巢山』（Robin's Nest），或譯『知更嶺』，今俗多以『麻雀嶺』稱之者，非也。余於《海隅辨言》已述之矣。

【註三】此據《香港地圖》GSGS3868（1:20,000）第十一幅。

【註四】據《香港地圖》GSGS3868（1:20,000）第十一幅，屏風山主峰嶺尾山，高五三一米，其東一峰為獅子頭，峰南陡峻，石崖崩裂處，土人謂之『獅子嘔血』，於沙螺洞一帶仰望，歷歷可指。

【註五】拋豬坑，今美稱作「拋珠坑」。

九龍坑山

九龍坑山主峰名大山峒，海拔四三九米。【註一】其北為大山尾，自此下伸一嵴，接於桔仔坳，【註二】再於龍山西南之橋頭過峽，經南華莆山，歷松嶺、鵶雀墩、燕子巖，徑口山，前接大刀屻山巔。

【註一】此據《香港地圖》GSGS3868（1:20,000）第十一幅。九龍坑山，英名『白雲山』（Cloudy Hill）。

【註二】桔仔坳別名桔仔山坳，英名『雀峽』（Bird's Pass），為九龍坑山與龍山過脈處。

大刀屻　觀音頭

大刀屻有南屻、北屻之分，中以蛇仔嶺為限，山脈西南走向。自徑口山來，越長田峒、圓石鼓，登神臺嶺，海拔五〇六米，乃北屻之主峰。【註一】繼而經大磡山，穿蛇仔嶺，陟尖尾峒，登寨公山，乃南屻最高處，海拔五七三米。【註二】

又前，履險於企犂壁，再經紅花壁，越排門、歷求雨峒，南降白石窩山，至林村坳過峽，再拔地而起，舉秀峰觀音頭，或稱觀音山，海拔五四九米。【註三】上接長屻，合雞公屻而遞升，是為大帽背，再上，可抵大帽山巔。

【註一】高程據《香港地圖》GSGS3868（1:20,000）第十一幅。

【註二】高程據《香港地圖》GSGS3868（1:20,000）第十幅。

【註三】高程據《香港地圖》GSGS3868（1:20,000）第十四幅。

大帽山

大帽山舊為新安名山，見於方志所載。【註一】或有別書作『大霧山』者，惟不甚通行。今為香港境內第一高峰，海拔九五七米。【註二】是山覆蓋廣邈，支脈盤曲逶迤，萬峰朝拱，如居帝座。

其東行一脈，於大帽背過猴巖頂，又東越筆架嶺、四方山。循嵴遞降，經吊肚山、過峒山、高排峒、大嶺、大嶺排，至城門坳。城門坳為昔日大埔通荃灣古道所經，見於邑志所載。【註三】自城門坳過脈，起坳背環山。

【註一】《康熙新安縣志》卷三《地理志》、《光緒廣州府志》卷十一《輿地略三》，均有紀載。《嘉慶新安縣志》卷四《山水略》云：「大帽山在城東五十里，形如大帽。由梧桐山迤邐南旋西折，高二百丈，為五都之鎮。上有石塔，多產茶。」

【註二】此據《香港地圖》GSGS3868（1:20,000）第十五幅。

【註三】《嘉慶新安縣志》卷四《山水略》云：「城門凹在六都，通淺灣。」淺灣即今之荃灣也。城門坳，英名『鉛礦坳』（Lead Mine Pass），乃荃灣與大埔分野處。山口附近產鉛礦，惟已廢棄多年。

坳背環山　城門尖

坳背環山別名大頂峒，海拔六五二米。【註一】折而南趨，為旱山頂、經昂龍山、對石峒，前起高岑，即城門尖也。

城門尖一峰峭拔，秀削崚嶒，下臨城門水塘，故名，海拔五三一米。【註二】舊以其山尖挺巑岏，遠眺矚目，原名本稱尖山峒。又因位城門谷之上，故另有城門尖之名。其南陡峭，降至城門水口，越水口嶺，登孖指嶺。

【註一】此據《香港地圖》GSGS3868（1:20,000）第十五幅。坳背環山，以靠近坳背環村而得名，英名『草山』（Grassy Hill）。

【註二】此據《香港地圖》GSGS3868（1:20,000）第十五幅。城門尖，英名作『針山』（Needle Hill）。

孖指嶺　膝頭峒

孖指嶺主峰為孖指頭，高三三八米。【註一】前隔孖指瀝與險峰膝頭峒相接。山中有古道，為昔日城門通九龍要衝，土名孖指徑，常有私梟出沒其間。孖指嶺一帶山區，形勢險要，一九四一年香港保衛戰中，曾建有重要軍事設施，為垃圾灣主要防守據點之一，即英名『醉酒灣防線』（Gin Drinkers Line），亦稱為『城門棱堡』（Shing Mun Redoubt），今尚有戰壕、碉堡及地道等遺跡，可供吾人憑弔。

膝頭峒為石犂山之主峰，位於北端，海拔三六九米。【註二】石犂山一脈長伸，為南北走向，起副峰企山峒，別名企石犂，海拔三六一米，【註三】於大窩坳中分兩段。西坡陡峻，嶙間數峰起伏，皆各有專名，末處一峰名石犂頭，高一八三米，【註四】東南經凹背嶺，下連荔枝角坳，再接蓮藕山。

【註一】此據《香港地圖》GSGS3868（1:20,000）第十五幅。孖指嶺，一稱孖指徑，英名『走私山』（Smuggler's Ridge）。

【註二】此據《香港地圖》GSGS3868（1:20,000）第十五幅。膝頭峒，英名『黃金山』，或簡稱『金山』（Golden Hill）。

【註三】此據《香港地圖》GSGS3868（1:20,000）第十五幅。

【註四】此據《香港地圖》GSGS3868（1:20,000）第十五幅。

蓮藕山

蓮藕山，見於吳灞陵先生《香港九龍新界旅行手冊》頁四四〔荔枝角〕條。蓮藕山狀若藕筒，蓮藕山狀若藕筒，有大小之分，大蓮藕山數峰並舉，主峰名尖山，高三一二米。【註一】小蓮藕山僅一孤峰，高約二三〇米。【註二】至此脈趨東向，越分水坳，【註三】即入官富山範疇，首起者為煙墩山。

【註一】據《香港地圖》GSGS3868（1:20,000）第十五幅。大蓮藕山，英名『鷹巢山』（Eagle's Nest）。

【註二】《香港地圖》GSGS3868（1:20,000）第十五幅無標高數據。小蓮藕山，英名『吹笛山』，今已音譯作『琵琶山』（Piper's Hill）。又『蓮藕山』，前輩黃佩佳先生稱之為『蓮澳山』。

【註三】分水坳，英名『楊梅峽』（Strawberry Pass），為九龍與沙田之分界處。

官富山

自煙墩山至赤望嶺，形成東西橫亙之山脈，分隔沙田與九龍市區，今人稱之為『九龍山脈』，即昔時方志古籍所云之官富山。【註一】近人蘇子夏所編《香港地理》下篇《地方志》中，有〈官富山〉一條，已詳述之。山之陽，昔日稱九龍澳，海濱一帶，即古官富鹽場所在。今佛堂門 北堂天后廟背茂林中，尚存南宋 官富場鹽官嚴益彰摩崖題記，勒於咸淳十年甲戌（公元一二七四年）。

煙墩山，今改稱『筆架山』，因不知山巔有古烽火台而命名。昔年前輩黃佩佳嘗訪之土人，則稱大火山，載於江山故人《新界百詠》，謂：「巔有二峰，相距不遠，橫看成巒，如爆裂之火山，土名大火山。」（詠煙墩山詩序）。故英人亦呼之為『烽火山』（Beacon Hill）。前輩撰文引述，均稱煙墩山，如吳灞陵《旅行手冊・

九龍遊程》十四是其例；或有以『煙墩』諧音書作『燕檀』者，如蘇子夏所編《香港地理》是其例，但均不脫『煙墩』音讀範疇。而今竟有違之者，棄原名而不用，但憑英文 Beacon 一字，妄加音譯作『筆架』，捨本逐末，殊覺費解！且又與香港島中土名筆架山者互相淆亂，張冠李戴，亦無匡正之者，異哉！

煙墩山又東，經長坑嶺，至大坳，山口為古道所經，乃沙田、隔田通老虎岩、橫頭磡衝要，構築於清　乾隆五十七年（公元一七九二年），載於邑志。【註二】

越大坳，前舉危峰，壁立插天，乃獅子山也，古稱虎頭山，見於邑志，頂高四九七米。【註三】獅子尾東接雞胸山，與路口山東西對峙，高亦相若，約為四三〇米。【註四】自雞胸山過雞胸尾，下坡，即抵沙田坳，越之而起慈雲山。

慈雲山海拔四九七米。【註五】東側有山口，土名觀音山坳。【註六】越之東趨為大老山，主峰海拔五七六米，【註七】至此主幹折而南旋，為東山嶺，高度遞增，先舉者象山，繼起赤望嶺。

象山居左，獅山居右，慈雲水月宮居中，堪輿家譽為『獅象護法』之瑞徵云。象山高五八四米。【註八】

赤望嶺今通稱飛鵝山，海拔六〇一米，【註九】為官富山脈之最高峰，巔有電視發射站等人工建築。查此山原名應為赤望嶺，『赤望晚霞』，乃昔日騷人雅士之所擬，猶未列入九龍八景云。【註十】

【註一】官富山於明黃佐纂《廣東通志》卷十三《輿地志一》‧《山川上》已有紀載。《嘉慶新安縣志》卷四《山水略》：「官富山在佛堂門內，急水門之東。宋景炎中，帝舟曾幸此。」

【註二】《嘉慶新安縣志》卷四《山水略》〔**虎頭山**〕條：「〔虎頭山〕……其下凹路險峻難行，然實當衝要道。乾隆壬子年，土人捐金，兩邊砌石，較前稍為平坦。」即指此也。此山口土名大坳，英名『九龍峽』（Kowloon Pass），今其上建香港回歸紀念亭，為山行人士休憩處。

【註三】此據《香港地圖》GSGS3868（1:20,000）第十五幅。獅子山，英名『獅子石』（Lion Rock），中名舊稱虎頭山。《嘉慶新安縣志》卷四《山水略》：「虎頭山在官富九龍寨之北，亦名獺子頭。」即指此也。

【註四】雞胸山，英名『獨角獸山』（Unicorn Ridge）。

【註五】此據《香港地圖》GSGS3868（1:20,000）第十五幅。慈雲山，英名『廟山』（Temple Hill），山中有水月宮觀音廟，因而得名。

【註六】此山口乃通觀音山村之孔道，故以為名，或呼『吊草岩』，見清 同治五年（公元一八六六年）《新安縣全圖》所載，英名『割草坳』（Grasscutters Pass），可能由『吊草岩』衍變而來。

【註七】此據《香港地圖》GSGS3868（1:20,000）第十五幅。大老山，英名『塔德石標』（Tate's Cairn），或譯『戴德山』。

【註八】此據《香港地圖》GSGS3868（1:20,000）第十五幅。象山，英名『中間山』（Middle Hill）。

【註九】據《香港地圖》GSGS3868 第十五幅標高。

【註十】此山別名甚多，據悉『飛鵝』亦非其本名。查《香港地圖》GSGS3868 第十五幅，此山之別名，標作 Chapmangliyang，即『赤望嶺』之音譯也。英名作『九龍峰』（Kowloon Peak）。

五鬼山　雞婆山

官富山東盡於茶寮坳，即赤望嶺之南麓。【註一】山口又南，另出一脈，自龍窩山起，為炭山頂、過背山（大上托）、五鬼山。五鬼山有五峰，主峰土名大鬼嶺，高三〇五米。【註二】自五鬼山經桅夾石嶺，過坳門，為照鏡環山，再越流水坳，為雞婆山，其名載於邑志。【註三】峰頂有露岩，石崖高峻，巔高二二一米。【註四】雞婆山一嵴南伸，起副峰，上有廢壘，土人呼曰磡臺山，再遞降為石尾山、媽背山，而盡於鯉魚門。【註五】

【註一】茶寮坳，英名『稅關口』（Customs Pass），為九龍通西貢區之要衝。舊有稅關之設，久已廢置。

【註二】據《香港地圖》GSGS3868（1:20,000）第十九幅。五鬼山今已美化，通稱五桂山，英名為『黑山』（Black Hill），或譯『黑鬼山』。

【註三】《嘉慶新安縣志》卷四《山水略》：「雞婆山在九龍寨東南，怪石嶙峋，昔土寇李萬榮駐此以掠商船。」另據學人羅香林《香港前代史》第六章〔增註十七〕云：「李萬榮改奉南明　桂王　萬曆年號，而率所部據守新安　大鵬所，並佔領鯉魚門後雞婆山而勒收行水。」（見原書頁一四六）。綜上所述，可見此山原名，當為雞婆山無疑。早年曾就筲箕灣漁者先輩訪之，則呼曰雞嫲山。雞嫲即雞婆，意即雞母也。雞婆山，英名『魔鬼山』，或譯『惡魔山』(Devil's Peak)。

【註四】據《香港地圖》GSGS3868（1:20,000）第十九幅。

【註五】以上據拙著《香港輿地山川志備攷》卷二〔**雞婆山**〕條輯錄。

官富山與香港島東羣峰相應

山脈主幹至此，與香港島之亞公岩山隔海相望，互為呼應，過鯉魚門海峽而騰起香港島羣山。若憑地貌觀之，香港島與九龍陸地之間，本乃相連一體，其狹窄之處，或斷裂下陷，形成今之鯉魚門海峽，香港島遂被分離而出，其山脈走向，亦必經此過渡而來，兩者之間實遙相啣接者也。惟近人吳師青前輩，撰《香港山脈形勢論》，書中有云：「今日之人，以香島山脈近北，則謂龍自鯉魚門而來，……憑空臆斷，均無當也。」又謂：「大帽山開大帳，分枝劈脈，……中則向南伸展，……經葵涌，……渡海潛行，至昂船洲，……向西偏行，蜿蜒屈曲，形若金蛇。至青洲之東，昂藏鬱勃，拔地而起香島之扯旗山。」此言香港島羣山，乃從荃灣經昂船洲、青洲過脈而來，非自鯉魚門一帶。觀吳氏所論，香港島山脈之來龍走向，若以堪輿學角度衡之，有如此之奇妙。惜余未諳青烏術，此論實非余所能理解，然亦可姑備一說。

新界內陸諸山

綜覽新界內陸羣山，除上述主脈外，尚有支脈如瓜蔓藤伸，散佈各地，茲舉其延袤迢遙者述之，其旁出繁雜者則從略焉：【註】

【註】如粉嶺西南坵陵地，英名『南坵陵地』（The South Downs）、河上鄉北坵陵地，英名『北坵陵地』（The North Downs）、八仙嶺北坵陵地，英名『科茲和斯丘陵地』（Cotswolds）等是。

大帽山南支

大帽山南伸一脈，遞降為三星墩、假大帽，至雙合嶺歧為二支。雙合者，謂兩脈於此相合也。其東一脈，為湖洋徑，以湖洋山而得名，再降為橫崙背、火燒籮、菠蘿崙，以達城門水塘。其西一脈，稱雙合徑，循之而降，過橫排嶺，接上角山至老圍。此外，尚有西南一脈，自大帽山經二嶺、下企人石、轉石山、響石嶺、橫龍山，以達川龍。再經平岡山、蝴蝶地、下角山，落芙蓉山以抵荃灣。

蓮花山

大帽山西出一脈，越公坳，首起一峰為花山頭，海拔五一七米。【註一】過黃麖坳，經紅崋嶺以達蓮心頂，為蓮花山主峰，海拔五七九米。【註二】山區廣邈，有大蓮嶂、小蓮嶂之分，皆自主峰歧出。

大蓮嶂西走，經孭仔石、坳背山，起大嶺峒（田富子山），高四六三米。【註三】前接白石徑山，至分水坳過峽，【註四】起黃茅嶺。西南接白水嶺、油麻嶺、馬蹄岃、紅岃。前舉一嶺，層巒起伏者，是為九逕山。九逕山海拔五〇六米，【註五】高踞屯門之上，為香港境內歷史名山，載於邑志，謂：「明海道汪鋐帥土人殲佛郎機於此。」【註六】山區之內，諸峰均各有專名。

大蓮嶂至黃茅嶺，另出一脈，北向延伸，經馬蹄嶺、三丫瀝頂、圓嶺，接井坑山，降至坳門，【註七】再循掌牛山登打鼓山（五鼓嶺），歷白雲前、秤柁嶺，抵蠔殼山，至凹頭之佛坳嶺而脈盡。

小蓮嶂自蓮心頂分脈，南向為斜山峒、大窿峒、佛印石，至花山尾。【註八】花山尾再歧為三：東支經上花山、船地，落柴灣角。南支接馬草壟山，過煙桿墩，落油柑頭。西支經橫排峒、麻竹頭、禾上峒、門夾山、羌峯峒、馬頭峒、黃蛇峒、圓墩山，至桃坑峒以達大欖涌。另一支由麻竹頭分出，南向過葫蘆峒，入清快塘，再經大樹山峒，落雞頂山以迄深井，與馬灣隔海相望。大小蓮嶂支脈，徧佈內陸中部，其山區地帶，延袤甚廣，乃樂山者常蒞之區。

【註一】據《香港地圖》GSGS3868（1:20,000）第十四幅。

【註二】據《香港地圖》GSGS3868（1:20,000）第十四幅。

【註三】據《香港地圖》GSGS3868（1:20,000）第十四幅。大嶺峒下臨田夫仔村。田夫仔，《嘉慶新安縣志》卷二《輿地略．都里》，作田富子，為官富司管屬客籍村莊。

【註四】分水坳為錦田與大欖涌之分界處。

【註五】據《香港地圖》GSGS3868（1:20,000）第十四幅。

【註六】《嘉慶新安縣志》卷四《山水略》：「九逕山在縣南四十里，下臨屯門澳。」

【註七】坳門為元朗大樹下通四排石、錦田古道所經。

【註八】此一帶山區，有舊礦場遺蹟。

平頂山　八仙嶺北丘陵地　五朵芙蓉

九龍坑山北支，為爆石峒（美稱為寶石峒）、大排峒、雞仔峒，至平頂山。是處一帶山嶺，通稱『八仙嶺北丘陵地』。【註一】過平頂山又北，經松山峒、蒲松嶺、蛇口嶺以達鶴藪。

九龍坑山西北，為大山尾，下接桔仔坳，【註二】越之起高嶺，五峰相連者，為五朵芙蓉，或曰龍山，海拔三五七米，位龍躍頭之上。【註三】大南山為九龍坑山之副峰，位主峰大山峒之南，海拔三五七米。【註四】又南陡峭下伸，為膝頭岃，下接紅桐山、竹坑山、鵝腦山諸峰。鵝腦山一稱鶴頂山，海拔一二六米。【註五】過澳頂，至梅樹坑而脈盡。

【註一】八仙嶺北丘陵地，英名『科茨和斯山地』（Cotswolds），見《香港九龍新界地名志》頁一九八，及《香港地圖》GSGS3868（1:20,000）第十一幅所載。

【註二】桔仔坳，英名『雀峽』（Bird's Pass）。

【註三】高程據《香港地圖》GSGS3868（1:20,000）第十一幅。五朵芙蓉，英名『雀山』（Bird's Hills）。

【註四】高程據《香港地圖》GSGS3868（1:20,000）第十一幅。

【註五】高程據《香港地圖》GSGS3868（1:20,000）第十一幅。

屏風山　八仙嶺

屏風山之東，山脈連亙，延綿不斷，經黃嶺、犂壁山、橫山頭，過仙人坳，與八仙嶺相接。黃嶺為諸峰之冠，海拔六四一米。【註一】八仙之中，以純陽峰為首，海拔五八八米，餘者依次為鍾離、果老、拐李、曹舅、采和、湘子、仙姑諸峰，其中湘子與仙姑相竝，均高五一一米。【註二】拐李北側，起一峰為葫蘆嶺，高約四九〇米，其下一峰，為妝臺嶺，高四三三米，【註三】後曳一嵴，名玉女登臺，末端一峰韶秀，遙望尖峭，為玉女添妝，隔澗與獅子頭相望。此幹脈自屏風山來，至玉女添妝而盡，乃過峽與橫嶺山脈相接。【註四】

【註一】　高程據《香港地圖》GSGS3868（1:20,000）第十一幅。
【註二】　高程據《香港地圖》GSGS3868（1:20,000）第十一幅。
【註三】　高程據《香港地圖》GSGS3868（1:20,000）第十一幅。
【註四】　此處地當大橫坑與橫涌水匯流處，土名大橫坑口。

橫嶺山脈

橫嶺山脈首起一峰，為獅子頭。山脈東向，峰巒起伏，中歷孖仔墩、了哥巖、塘頂、排石峒、芒堆嶺。再折而東，為馬頭峒，高二九〇米，別稱赤馬頭。【註一】東越馬頭坳，為鬼仔墩。又東經橫嶺頭，至上塘峒，越赤珠門，接下塘峒。【註二】又東為三台排，越大窩塘坳，為大峒，再東，起觀音峒，海拔三〇二米。【註三】前越坳壩（或稱紅石門坳），過石芽頭，抵鹿湖峒，橫嶺一脈止於此矣。

【註一】高程據《香港地圖》GSGS3868（1:20,000）第十一幅。

【註二】下塘峒之西北，循嵴而降，可達石水澗荒村。

【註三】高程據《香港地圖》GSGS3868（1:20,000）第十二幅。觀音峒，英名『紐蘭山』（Mount Newland），見《英國海圖》（BAHO Chart）三五四四（1:12,140）『印洲塘』。

鳳凰嶺

鹿湖峒高約二八〇米，山陽岩嶤陡立，山陰一隖深藏，土名鹿湖，故以得名。山脈至此歧為二支，東者越烏洲塘坳，起一峰，狹長而峻峭，土名跌死狗，海拔二九六米。【註一】前過山口，土名鳳嘴，接一山，為鳳凰嶺，山之陽為鳳凰笏，乃養殖珍珠之所。主峰為鳳凰頭，高二四一米，居西；副峰為鳳凰尾，高二〇九米，居東。【註二】前逾塘瀝坳，為白角山。再東，起昂莊山，高二〇四米，巔有煙墩。【註三】又東，過大凼頂，是為大嶺，脈盡於黃竹角頂，於黃竹角嘴入海。

【註一】高程據《香港地圖》GSGS3868（1:20,000）第十二幅。

【註二】高程據《香港地圖》GSGS3868（1:20,000）第十二幅。

【註三】昂莊山高程據《香港地圖》GSGS3868（1:20,000）第十二幅，其上煙墩，《英國海圖》（BAHO Chart）三三二九（1:14,530）〔**大埔海**〕標作 West Beacon。另一座在黃竹角頂，標作 East Beacon。

三門山脈

鹿湖峒南，歧出一脈，越鳳凰瀝，為鷓鴣山，經直龍，過往灣坳西南趨，為窩環山、燈盞地。又西南為上環山、下環山。下環山之南側為三門坳，與三門山相接。三門山高九五米，【註一】位老虎笏之東，在大角頭之上，故又稱老虎頭。山脈至此西走，介於老虎笏與菝樹環之間。過牛牯磡、大岩山、圓嶺頭、沙公背、倒扣灣頂，接於長瀝峒。長瀝峒高一二七米，今圖多誤作『長牌墩』。【註二】又西南延至鎖門山，於伯公嘴入於船灣海。【註三】

【註一】三門山高程據《香港地圖》HM20C（1:20,000）第四幅，《香港地圖》GSGS3868（1:20,000）第十二幅無標高。

【註二】長瀝峒高程據《香港地圖》GSGS3868（1:20,000）第十一幅。又此山《香港地圖》HM20C（1:20,000）第四幅誤作『長牌墩』，雖登山徑指示牌亦然。查『長牌墩』乃在三門墩北側，為三門洲（白沙頭洲）之副頂，與長瀝峒隔湖相望。

【註三】昔日船灣淡水湖未興建時，此處乃一海峽，土名三門頸，對岸小嶼，名東頭洲，或稱銅鼓洲。水道中有一礁，名三枝桅排。今已築壩相互連接。

吊燈籠

橫嶺山脈自馬頭峒北向，析出一脈，經大魚峒、橫徑頂，越分水坳，【註一】過凹背，舉一嶺為吊燈籠，乃大青山脈之最高峰，海拔四一四米。【註二】主幹東西走向，橫陳於烏蛟田之上。吊燈籠，近人蘇子夏稱之為『黃麖山』，見《香港地理》下卷《地方志中》第十二節。蘇氏謂「黃麖山簡稱麖山，西人誤以為青山。」蓋以『麖』、『青』音近所致，是說未知確否？惟昔年嘗赴山陰之蛤塘諸村，訪問鄉老，咸指其背枕之山，林木繁茂，望之蔚然，因總名之曰大青山，其主峰為吊燈籠云。至若『黃麖山』者，則前未嘗聞也。

【註一】此分水坳乃九擔租通苗田古道所經。

【註二】吊燈籠高程據《香港地圖》GSGS3868（1:20,000）第十一幅。

吊燈籠之餘勢

自吊燈籠起，山脈西伸，為圓頭峒、糞箕托（今美化為芬箕托）、馬矢燕頂、牛湖峒。至嶂頂，越燈芯窩北降，落分水坳，【註一】過飄岡峒、飯甑架峒、尖岡峒（今誤作『尖光峒』）、石芽頭，以達榕樹澳、鎖羅盤一帶。此處山名甚多，未克盡錄也。

另一支在飄岡坳分出，東北向起老虎石、過門山、攀背嶺，以達荔枝窩。又一支自嶂頂，過蛤蟖擒塘，越減龍坳，前起一峰，為減龍頭，巔有防火瞭望站，海拔三〇〇米，【註二】長脈西北伸，為減龍山，至減龍尾，接三戙斜，入雞谷樹山界。餘者盡屬低坵，散佈於谷埔、風坑（鳳坑）間，至大魚角、黃泥湖一帶而脈盡。

【註一】　此分水坳，乃谷埔通荔枝窩古道所經。

【註二】　減龍頭高程據《香港地圖》HM20C（1:20,000）第三幅，《香港地圖》GSGS3868（1:20,000）第十一幅無標高。

大金鐘　馬鞍山

官富山脈中之大老山，分脈東走，經三台嶺，【註一】至尖尾峒。尖尾峒高三九三米。【註二】過黃牛、水牛兩山，越大腦坳，別稱打瀉油，俗呼水牛坳。前接企壁山、孖對魚山，為昂平廢村。【註三】再經風門坳登龍尾山，上大金鐘。大金鐘高五三二米，【註四】接於虎尾山。過坑槽孖，前騰一嶺，危巒壁立，峻削險巇，是為馬鞍山，海拔七〇〇米，為香港境內名山，載於邑志，以產鐵礦著名。【註五】

【註一】三台嶺，別名東洋山，英名『又一峰』（One Rise More），三峰依次遞升，土名三台，主峰三台嶺頂，高約五三〇餘米。

【註二】高程據《香港地圖》GSGS3868（1:20,000）第十五幅。英名『石南山』（Heather Hill）。

【註三】昂平舊村為闕姓所聚居，廢棄日久。

【註四】高程據《香港地圖》GSGS3868 (1:20,000) 第十五幅。大金鐘別稱昂平山，英名『金字塔山』(Pyramid Hill)。

【註五】高程據《香港地圖》GSGS3868（1:20,000）第十五幅。又《嘉慶新安縣志》卷四《山水略》：「馬鞍山在縣南八十里，枕東洋，形如馬鞍。」

石屋山　大籃蓋

自馬鞍山起，山脈東向，經級樓嶺、欖樹山，落黃竹洋，起雞公山、雷打石，過低丫，繞畫鷳山至嶂上，登石屋山，為附近之最高峰，海拔四八一米。【註一】石屋山東北伸延，起大籃蓋，高三七三米。【註二】至白沙澳海下，入於赤門。【註三】

【註一】高程據《香港地圖》GSGS L8811（1:25,000）第十二幅，《香港地圖》GSGS3868（1:20,000）第十二幅無標高。石屋山，英名『甲山』（Peak A）。

【註二】高程據《香港地圖》GSGS3868（1:20,000）第十二幅。大籃蓋別名擔柴山，英名『哈洛斯山』（Mount Hallows），或譯『夏路伊士山』。

【註三】赤門，英名『吐露海峽』（Tolo Channel）。

大坳門山　南蛇尖　大枕蓋

自石屋山起，山脈分東向與東南二支：東走者過巖頭山，越北潭坳，經老虎峒、

牛頭山、牛背墩、層樓嶺，越大坳門，起大坳門山。大坳門山位大浪鹹田之上，高三六九米。【註一】

大坳門山之北，過大浪坳為上峒、下峒，前越南蛇坳，起南蛇尖，別稱蚺蛇頭，海拔四六六米，【註二】再歷副峰米粉頂，降為蓮姑山而盡於短嘴。【註三】

至於石屋山東南走向者，則經牛耳石、烏石巖，越虎徑過峽，起大輋嶺墩。南跨畚箕坑谷，上接枕蓋尾。又東南為大枕蓋、鹿湖山，過牛路坳，為螺地墩，再越吹筒坳，為回頭龍、磨石頂，至西灣山而盡於大魚巖。

【註一】高程據《香港地圖》GSGS3868（1:20,000）第十六幅。大坳門山以其南側山口大坳門而得名，副峰為茅屴墩。此山因早年英版地圖誤譯作『大門山』（Tai Mun Shan），缺去『坳』字，故轉翻成中名後，因未經實地查詢考核，竟有標作『大蚊山』者，與實際相去彌遠，今特為訂正。

【註二】高程據《香港地圖》GSGS3868（1:20,000）第十二幅。南蛇尖別名蚺蛇頭，見《中國海航導》（China Sea Pilot）卷一第十二章〔**大鵬灣**〕所載。（參原書頁五三一）。英名『銳山』（Sharp Peak）。

【註三】短嘴，英名『貝德角』（Bate Head），見《香港地圖》GSGS3868（1:20,000）第十二幅，為東向伸出大鵬灣之陡岬。

鷓鴣山　釣魚翁

官富山脈中之赤望嶺，東向分脈，越茶寮坳，為尖峰山，高三四五米，【註一】過壁屋坳，一峰挺拔而起，為鷓鴣山，高四三〇米。【註二】山脈至此轉趨東南，經犂嘴山、尖山頂、上坳山、下坳山，過孟公屋　對門山，起澳頂山，又南為上洋山、圓頂山、鹿湖峒、下洋山、飄岡峒，【註三】越飄岡坳為廟仔墩，前舉主峰，尖峭峻拔，名釣魚翁，高三四三米。【註四】山脈至此，越昂瑠湖為大環山，南行為岩頭山、蝦山頂、牛寮墩，起田下山，又東南為北堂山，至佛堂角而盡於佛堂門。

【註一】高程據《香港地圖》GSGS3868（1:20,000）第十五幅。尖峰山，英名『女神山』（Hebe Hill）。

【註二】高程據《香港地圖》GSGS3868（1:20,000）第十五幅。鷓鴣山，英名『剃刀山』（Razor Hill）。

【註三】與前述吊燈籠餘勢之飄岡峒為同名異地。

【註四】高程據《香港地圖》GSGS3868（1:20,000）第二十幅。釣魚翁，英名『高船山』（High Junk Peak），因該山俯臨將軍澳，英名『帆船灣』（Junk Bay），故以為名。清人陳壽彭舊譯則作『華船埠』，見《中國江海險要圖誌》。

杯渡山　靈渡山

杯渡山，古籍稱聖山或屯門山，與杯渡禪師，分見於梁　釋慧皎撰《高僧傳》卷十《神異下》；唐　韓愈《贈別元十八協律》詩（六首之六）；宋　黃裳輯《新定九域志・古蹟》卷九；下逮明季，又有明　黃佐《嘉靖本廣東通志》卷十三《輿地志一・山川上》；明　郭棐《粵大記・廣東沿海圖》第十九圖等。

杯渡山乃青山山脈之主峰，位於西境，與九逕山東西對峙，互作呼應。有形家謂於虎地與螺山間暗相連結云。杯渡山除唐、宋、明舊籍外，亦見於清季方志之書。【註一】

杯渡山位青山山脈之南端，海拔五八五米。【註二】山脈北走，經龍口、分水嶺，越低坳起茅園山，過礦山頂，舉大礦山，為中段之最高峰，海拔三九三米。【註三】又東北為寶塘嶺，過打石鬼、細坑頂而至松嶺，前接靈渡山。

靈渡山高三七四點三米，乃北段之最高峰。【註四】靈渡山與杯渡山南北對峙，均為香港境內之名山，同載於廣東方志中。【註五】靈渡山北向伸延，抵牛磡石之雞栢嶺而脈盡。雞栢嶺高一二一米，清季建砦其上，以禦海寇，事載於邑志。【註六】

【註一】《光緒廣州府志》卷十一《輿地略三》：「杯渡山高二百丈，周三十里。有二石柱，高五丈，相距四十步。世傳有杯渡禪師渡海來居。」《康熙新安縣志》卷三《地理志》：「杯渡山在縣南二十里，高峻插天，一名聖山，南漢時封為瑞應山。有滴水岩，有杯渡庵，有虎跑井。韓愈、蔣之奇各有詩。」《嘉慶新安縣志》亦有紀載，惟未及杯渡禪師來卓錫事。

【註二】據《香港地圖》GSGS3868（1:20,000）第十三幅。杯渡山，英名『城堡山』（Castle Peak）。

【註三】高程據《香港地圖》GSGS L8811（1:25,000）第十三幅，《香港地圖》GSGS3868（1:20,000）第十三幅無標高。

【註四】高程據《香港地圖》GSGS3868（1:20,000）第九幅。靈渡山，別名圓頭山，俗呼大頭嶺。

【註五】《光緒廣州府志》卷十一《輿地略三》：「靈渡山高二百丈，周圍十五里，勢絕高峻，與杯渡山對峙，海濱舊有杯渡井，亦禪師卓錫處，在縣南三十里。」

【註六】雞栢嶺高程據《香港地圖》GSGS3868（1:20,000）第十幅。《嘉慶新安縣志》卷十三《防省志・寇盜》云：「（康熙十九年），賊泊白石海 沙江沿，刦厦村一帶，唯雞栢嶺一砦，力拒數日，賊百計攻陷，屠戮無遺，僅存在外者二三人。」◎垤案：以上所述，但舉其撮要，內容詳見拙著《杯渡山志》所載。

香港島羣山

官富山南伸一脈，越鯉魚門，過峽而升，一嶺峭拔，巍然峻峙，曰筆架山。【註一】山脈於此西走，成全島之骨幹，中經大馬山、爛泥山，【註二】越黃泥涌坳，起蜈蚣嶺。

蜈蚣嶺一嵴橫亘，若百足之蠕行，故名。【註三】南北兩側，山坡陡峻，其西為蜈蚣尾，下接石門坳。【註四】越之，起飛鵝嶺，又一支南伸，遞降而為鐵坑山，脈盡於深水灣。

飛鵝嶺有北嶺、南嶺之分，北者為首，南者為尾。北嶺直落為市區鵝頸。【註五】南嶺一嵴下伸，是為飛鵝尾，過嶺嘴下，而盡於黃竹坑、香港圍。

飛鵝嶺又西，主脈過坳頂山、萬松嶺，越下環坳，【註六】起下環山。【註七】歷平臺山，【註八】至大坳門，山口地勢平衍，道路軒敞，分歧交錯，四通八達。【註九】

大坳門之西為坳門頂，再上為東面嶺，過嶂頂窩，仰望高岑聳出，即扯旗山也，乃全島之最高峰，海拔五五一米。【註十】自扯旗山經南面嶺，循橫排以降，越橫排坳，【註十一】拔起高峰，為摩天嶺。【註十二】西端山勢陡峻，行龍循嵴驟降，沿犁頭嘴而下，飛越大坳，挺起孤峰，為摩星嶺。【註十三】至石笪仔而脈盡，【註十四】入於青洲口，【註十五】乃香港島之西盡處也。

以上所述香港島諸峰，均各有中名、英名，前者傳承自前輩所憶述，後者為港英官方所定名。至於支脈，眾峰臚列其間者尚多，未克細舉，然已詳載於拙著《香島地名錄存》中，茲不贅引焉。

香港島見於古籍紀載，有大潭、紅香爐、赤柱山、裙帶路諸名。大潭見明郭棐《粵大記・廣東沿海圖》第二十一圖；紅香爐見清阮元修《道光廣東通志》卷一二四《海防略二》輿圖；赤柱山見清王崇熙纂《嘉慶新安縣志》卷四《山水略》；裙帶路見清桂文燦纂《廣東圖說》卷十三《新安縣》，原文作『裠帶路』。

香港島自割讓於英吉利，英人欲長期佔領，為永保此海外屬土，乃於島上之山川海隅，皆植以英式地名，而原有中名反為所掩，晦而不彰矣。猶幸官方沿用者，於舊日華人社會，以及古村土著，均不甚通行，蓋皆以華冑自命，喜保留原有稱謂，而於官方命名，則習慣不用，且世代相傳弗替焉。如陸上稱『四環九約』，而不用『維多利亞城』（Victoria City）；海面稱『中門』，而不用『維多利亞港』（Victoria Harbour）之類，均為其例也。中門以其位於鯉魚門與急水門之間，故有是稱，見清人屈大均《廣東新語》所述，以前漁人舟子俱能道之。中門之南為香港島北岸，其海灣亦以『中環』為名，且沿用於今仍不替焉。【註十六】是故二戰後至六〇年代中，詢於故老，猶能知悉。余等乃將所得，錄入問卷保存，積纍經年，寖而大備，幾可復其舊觀矣。遂整理編纂，撰寫成書，題曰《香島地名錄存》。今島上羣山，沿岸灣岬，亦經逐一查明，恢復其本來面貌，詳述之於書中也。

【註一】拙著《香島地名錄存》卷八〔**筆架山**〕條云：「筆架山為香港島第二高山，……絕巘數峰相連，遠覘形如筆架，斯乃柴灣、筲箕灣先輩所定名。……筆架山，英名『柏架山』(Mount Parker)，其音讀與中名近似，此乃早年英人從土著中，得知山名『筆架』，乃特以英語『柏架』（Parker）近似諧音作配，取之以為命名。」

【註二】兩山見《香港地圖》GSGS3868（1:20,000）第十九幅。大馬山，英名『畢拿山』（Mount Butler）；爛泥山，英名『渣甸山』（Jardine's Lookout）。

【註三】蜈蚣嶺，英名『聶高信山』（Mount Nicholson）。拙著《香島地名錄存》卷七：「主峰蜈蚣頭之下，有蜈蚣口，俗稱『百足巖』，巨石覆疊，遠望如螯，甚為矚目，故極易辨識。」

【註四】石門坳，英名『中峽』（Middle Gap），以在石門岩西側，故名。

【註五】飛鵝嶺，英名『金馬倫山』（Mount Cameron）。拙著《香島地名錄存》卷七〔**飛鵝嶺**〕條：「山似飛鵝入海，展翅翩翩之形。主峰北出一嵴，山勢迭降，經姻緣石，過掘斷龍，起一頂，是為鵝頸山，英名『摩理臣山』（Morrison Hill）。地脈蔓延，若隱若現，又東北，……鵝首為燈籠洲，英名『加列島』（Kellet Island），今已築堤與香島相接。……又該區未填海前，水濱有小岬名鵝頭嘴，與燈籠洲相望，英人呼曰『東角』(East Point)，現已填平，其故址即今紅磡海底隧道入口處。鵝頸涌於此入海，上架橋樑以通電車，名鵝頸橋。鵝頸涌或稱鵝頸河，英人呼曰『寶靈渠』(Bowrington Canal)，其上游即黃泥涌……，自構築堅拿道（Canal Road）及寶靈頓道（Bowrington Road）後，遂成下水道。」

【註六】下環坳，英名『馬己仙峽』（Magazine Gap）。

【註七】下環山，英名『歌賦山』（Mount Gough）。

【註八】平臺山一帶，英人呼為『草莓山』（Strawberry Hill）。

【註九】此山口前輩舊稱大坳門或風門口，俗稱『山頂』，英名『維多利亞峽』（Victoria Gap），登山纜車以此為終點。

【註十】高程據《香港地圖》GSGS3868（1:20,000）第十九幅。扯旗山，又有硬頭山、太平山等別稱，英名『維多利亞峰』（Victoria Peak）。

【註十一】山口為扯旗山與摩天嶺過脈處，橫排坑導於其下，克頓道（Hatton Road）至此為終點，因位橫排之下，遂以為名。

【註十二】摩天嶺別名打靶山、犂壁山，英名『西高山』（High West）。

【註十三】摩星嶺，英名『戴維斯山』（Mount Davis）。

【註十四】石笪仔見《香港地圖》GSGS3868（1:20,000）第十八幅，但英名則錯作 Shek Tong Tsui（石塘嘴）。查石塘嘴當在該圖英名『卑路乍角』（Belcher Point）處。

【註十五】青洲口，英名『琉璜海峽』（Sulphur Channel），又晚清 陳鐿勳音譯作『秀化路海道』，見《香港雜記·地理形勢》中所述。

【註十六】中門亦見於明 郭棐《粵大記》附《廣東沿海圖》第二十圖，惜其方位欠準，誤置於一門、二門之間，拙著《粵大記輿圖考略》已訂正之。昔日筲箕灣、油蔴地一帶漁人先輩，亦聞有呼尖沙嘴與中環間之水道為『中門』者。

大嶼山

大嶼山，古籍稱大奚山，或曰大溪山，【註一】見於宋　王象之《輿地紀勝》卷八十九《古迹》；宋　祝穆《方輿勝覽》卷三十四；宋　龐元英《談藪》；明　黃佐《嘉靖本廣東通志》卷十三《輿地志一・山川上》；明　郭棐《粵大記・廣東沿海圖》第二十圖等。

大嶼山乃自大帽山出脈，西走蓮花山，經小蓮嶂至深井而來，已見前述。至此潛行渡海，過馬灣洲、汲水門，再騰躍而升，先起五鼓嶺、花瓶頂、大陰頂，過昂船坳，起犂壁山、大輋嶺、老虎頭。老虎頭為附近最高峰，海拔四六六米。【註二】又南為黃竹塱山，折而西向，至望到坳過脈，舉蓮花山（今稱二東山），西連大峒山（今稱大東山），為島上第二高峰，海拔八七一米。【註三】綜覽大嶼一脈，自五鼓嶺至望到坳，除老虎頭外，餘者均平平無奇，殊不足觀，及陟大峒、二峒，方覺山勢迴環，盤紆茀鬱，至是始漸入佳境，大嶼形勝，盡萃於斯矣。

自大峒西向，過伯公坳，復循長嵴上登，經大山尾、鴉雀口，直薄鳳凰山巔，為島上之主峰，海拔九三五米。【註四】鳳凰山亦為香港之第二高峰，昔已為新安名山，載於邑志。【註五】鳳凰山又西，循天梯行龍以降，過昂平 木魚山，西南越大風坳，前接薑山，歷靈會山，至蟾蠑石頂，經魚尾丫、煙墩、大磡山、深坑瀝頂，過分流地頸，再起小坵數座，抵紗帽山，於分流角入伶仃洋而脈盡。【註六】

原夫大嶼一島，範圍廣袤，連峰疊嶂，以上所云，僅就其脈主幹，約略言之，至若支派之間，眾山臚列，為數尚多，余於拙著《大嶼山志補編》中已備載之。

又據羅香林《香港前代史》，引述故老傳說，謂大嶼山與梧桐山，遠古本為相連之山脈，其後滄桑變易，山石解移，遂成離島，稱之曰移山。羅氏又云：「大嶼山西北之白芒，有搖動石，石雖甚巨，然輕推則動，釋手則石仍後傾，至復原狀而止。原名『解石』【註七】，其地與青山附近之青龍頭，隔海相望，故舊日《新安竹枝詞》，詠大嶼山有『移山解石捉青龍』之句。」【註八】此亦以大嶼山脈之來龍，乃發自梧桐山，輾轉經大帽、蓮花諸峰，渡海過脈而成，故與對岸青龍頭一帶遙相呼應云。

【註一】據史地學者羅香林考證，謂：「（大溪山）以方位及音讀勘之，自非大奚山莫屬」，參閱《香港前代史》第四章註三十四（原書頁九十九）。

【註二】據《香港地圖》GSGS3868（1:20,000）第十八幅。

【註三】據《香港地圖》GSGS3868（1:20,000）第十七幅。大峒山，英名『日落峯』（Sunset Peak）。

【註四】據《香港地圖》GSGS3868（1:20,000）第十七幅。

【註五】《嘉慶新安縣志》卷四《山水略》云：「鳳凰山在大奚山帳內，雙峰插霄，形如鳳閣，與杯渡山對峙。」

【註六】分流角，舊籍方志之書，多誤作雞翼角，如《嘉慶新安縣志》卷十二《海防略・防海形勢》所云「大嶼山　雞翼角礮臺」，即為其例，蓋一書出錯，他書承之，輾轉抄襲，採訪者又未經實地考覈，由是習非勝是，相沿至今。幸本地旅行人士，均能洞悉，知雞翼角乃在嶼西　雞山處，而清季所建礮臺，其實際位置，乃在今之分流角所在也。

【註七】『解石』，或即今稱之「拐石角」。

【註八】參閱羅香林《香港前代史》第四章註三十四，原書頁九九。

結語

香港境內山嶺，其主脈、支派，以及香港島、大嶼山羣峰，今均已有專著予以收錄。此外，尚有新界腹地羣峰，亦擬搜羅輯錄，詳敍之於拙著《香港輿地山川志備攷》各卷之中，而培塿低坵之屬，亦各從其類而並及焉。

至於散佈於本境水域內諸島，如舶寮洲、滘西洲、糧船灣洲、蒲臺、長洲、東平洲之類，亦囊括而歸納之，一併紀述於同書之內，然後融會貫通以求其全，若能以此公諸於世，不亦宜乎？

黃垤華　謹述

桂角山脈之研究與探索

古籍中紀載之香港名山

香港境內諸山，見於古籍紀載者，如杯渡、大嶼，早於南朝、唐、宋時已有紀述。明代方志之書，於粵東局部地名，雖或有記載，然亦甚為簡略，籠統而語焉不詳，較之清志，尤為遜色。且桂角、雞公、牛潭、麒麟諸山，咸付缺如，故世人悉之者尠，其知名亦遠不及杯渡、大嶼兩山，蓋以文獻不足徵故也。

觀夫方志圖經之屬，皆未有述及桂角山者，而明郭棐《粵大記》書末附錄之《廣東沿海圖》，所載香港島、大嶼山地名，雖各有數處，然皆屬沿岸地區，或為島嶼之低垳。至於今日之新界內部，則尚未有深入之紀敍，其有關陸上之崇山峻嶺，以及蘊藏於腹地諸峰，若大帽、杯渡、馬鞍、官富之類，更無論矣，況位於支脈之間，且偏處於一隅之桂角山乎？

桂角山脈其來有自

夷考桂角山者，其脈乃自大帽山，經大刀屻分支而來。主脈於寨公山發軔，行龍西走，出一旁支，為老虎嵴，東北遞降，經深瀝山、平排嶺，至貓公地，越徑仔坳，【註一】過峽，即入桂角山區。主脈循徑仔排而昇，其形勁若游龍，直趨蕉林之山，幹氣乘勢飛騰，拔起三疊高峰，乃桂角山絕頂【註二】——斯乃其來龍之所自也。至是山脈迤邐西向，跌宕起伏，過雞頸與雞公山連結。

【註一】徑仔坳為粉錦公路所經。又以上所述，亦見於拙著《大刀屻志》中。

【註二】即大羅天、羅天頂、龍潭山三峰。

桂角山脈與其周遭地名之採集

若以大嶼山及香港島為例，大嶼山，古籍僅以大奚山一名概括全島，香港島亦只稱紅香爐或赤柱山。今兩島開發日久，人煙稠密，地名亦多，實不能以一名而蓋其全。比之桂角、雞公之山，亦何獨不然？昔時周遭村落，鄉人因維持生計，種田畜牧而外，每多登山作業，樵采放牧，生活其中，故山間各處，多有土名，亦猶市區內之街道樓房各有其專名耳。

桂角山脈因易於登臨，故為樂山者常蒞之區。五〇至六〇年代，農耕未廢，行山遇土人放牧或樵采者，趨而詢諸各處土名，亦每有所得，故於山中之峰巒溪澗，絕壑窮谷，皆可知其稱謂，於是按方位所在，遂錄其名於地圖中，久之而洋洋大觀，可補有司及坊間所刊，並填充其空虛脱落之處！因思以所見所聞，公諸於世，與同道同好者共享之。

桂角山區內部之分述

自清季以還，桂角兩峰，始漸成新安縣境內之名山，見於康熙間靳文謨修《新安縣志》，【註】《清一統志》亦載之。清　阮元修《道光本廣東通志》卷一百《山川略一》云：「掛角山一名桂角，在縣東南四十里，山多老桂，兩峰對峙，其形如角，故名。」又清　戴肇辰修《光緒本廣州府志》卷十一《輿地略三》云：「掛角山在縣南三十里，高百八十丈，周三十里。」其後東西兩峰，又有個別專名，曰『大羅天』與『雞公山』，乃昉於復界後錦田　鄧族之所稱。今即以此為依據，因大羅天為桂角之主峰，故用《桂角山志》以名書，而《雞公山志》則一仍其舊，別為一書焉。

茲以桂角、雞公兩山，經多年之考察，所存資料宏富，不欲使之相混，故特為各撰一志，詳加闡釋之。至若牛潭、麒麟兩山，乃桂角山之支脈，於龍潭山析出，北越龍潭坳，起大牛潭一峰，再經湖洋山過峽，延續至麒麟山，而盡於新田之野。

故本書須並及之，亦以兩山各為一志而分述焉。

【註】　此書刻於康熙二十七年（公元一六八八年），時靳氏為新安邑宰，由鄧文蔚任總纂。

今人對桂角山與牛潭山之誤解

桂角山乃由大羅天、雞公山兩者組合而成，現全山已為『雞公』一名所覆蓋，時至今日，雖山下周遭居民，對『桂角』、『大羅天』諸名，大都茫然不知矣！故特舉而出之，庶免其名之遭堙沒也。【註一】

原夫桂角山乃由『兩山』合成，故古籍方有『兩山競秀如角』之語，見《嘉慶新安志》所述。錦田　鄧氏先輩，即以東邊高者為大羅天，西邊低者為雞公山。後又以東邊高者仍稱『桂角山』，其主峰為大羅天，西邊低者仍稱雞公山，其主峰為雞公頭，兩山啣接處為雞頸，至於『雞尾』，則在雞頸之北，下降至牛潭尾一帶，與桂角山陰以雞尾坑為界。

又桂角山主峰之大羅天，因被雞公山一名所蔽，故知之者寥寥。雖有曾聞之者，亦不知其位置所在，或憑己意臆度，而正確與否，皆不得要領，亦唯憑猜測而已。由是張冠李戴，竟以牛潭山當之，誠可哂也！【註二】殊不知『大羅天』者，乃出於道書，此乃前輩取以命名之本意，故今特於《桂角山志》卷首，開章明義，不厭其詳，旁徵博引，據舊籍以為參照而闡釋之，俾讀者能洞悉其原委，辨其謫誤而不入於惑焉。

【註一】原為兩山之合體，今則以雞公山一名概括全山，亦乃習非成是所致。

【註二】誤以牛潭山為大羅天。

山志首述應以桂角山脈為開端

今先以桂角山脈為開端，作敍述香港羣山之濫觴者，何也？概而言之，其故約有以下數端：

其一、香港境內諸山，見於古籍紀載或述及者，唐、宋時已有杯渡山、大嶼山。明季以還，除兩山外，方陸續增入官富山、馬鞍山、九逕山、南蛇尖諸名，惟涉桂角山者，則寥若晨星。下逮清初，方志古籍，始多有紀載，如《清一統志》、《廣東通志》、《廣州府志》、《新安縣志》諸書，均並及之，已見前述矣。惜諸書雖有所紀，但皆語焉不詳，故特先為闡述。

其二、桂角山脈橫跨錦田、粉嶺、蕉徑、牛潭尾各區，涵蓋廣邈，除山區範圍外，其麓周遭一帶，地名亦甚夥，尤須一併述之。

其三、坊間地圖於桂角山區，包括牛潭與麒麟兩山，資料異常貧缺，地名亦甚簡略，除標出雞公山一名外，其餘均付闕如。竊思桂角山區，範圍如斯廣袤，豈能無隻字及之，今竟成空白一片？此實有違常理，焉能令人信服？於是發篋出稿，將以往採訪所得，填補其遺漏之處，使先輩命名之成果，得以復現於世。原夫地名資料，得來匪易，尤須珍惜保存，不使堙沒無聞，況地名之搜羅與探索，亦屬傳承非物質文化遺產之一部分，吾人實責無旁貸焉。至若牛潭、麒麟兩山，箇中資料，亦復不少，且甚屬罕覯，故亦一併述之，藉以求其全也。

凡例

一、本書底稿乃多年前舊作，應用傳統方式，以淺白文言體寫成，為保存原著面貌，大致不作任何改動。雖後來或有所增訂，而文體亦一仍其舊，以求劃一。

二、本書內容，地名資料來源，均據《香江健行社採訪冊》所收者編寫，有則錄之，無則缺之。又因嘗歷數次遷徙，紀錄略有遺失，已無法補回，亦由之付諸闕如，冀望同道者能繼起而賡續之。

三、本書所採用之山嶺、河川等地名，均據拙著《香港輿地山川志備攷》所收錄，資料出原書卷十一至卷十四，此皆為昔年造訪原居民叩問所得者，其先錄入《香江健行社採訪冊》，後經整理編纂成書，故甚屬珍貴，已詳前述矣。今凡遇原書有錯漏處，亦一併為之增補或訂正。

四、書中所述地名，或有異於當今通行使用者，此實不足為奇，蓋本書乃傳承前輩所收集與應用之原有地名，今或已棄而不用，或另更新名；又或其名已逐漸消失，堙沒無聞，不顯於當世。現均逐一予以薈集，雖失落者不可復原，但仍有其保存之價值，尤可供鑽研地名學者之參考與探索，故視作『地名文物』及『非物質文化遺產』一類亦無不可也。

五、地名來源有可解者則述之，不明者則由之。至於旅行人士所擬之稱謂，林林總總，趣味雋永者頗多，然究非當地先民前輩所命名。他如『肥佬麥』、『鼻涕瀑』之類，亦嘗遍訪土著居人，均未聞有是稱者。拙著乃言輿地之書，此皆非範疇所及，因拘於體例，一概不予收錄，以免混淆。

六、正文中遇西文地名，則以括號標出原文，或另出註說明，提供讀者參照。

七、山嶺之高程及地名方格網等數據，以及徵引之輿圖系列，均於註文中列出，不與正文相混，以清眉目。

八、香港境內，往昔華洋雜處，為時既久，故地名亦中西兼備。外名以英名為主，概分兩類：一為按中名音譯，間或意譯；一為純英式，自成一系，與中名無涉。本書所收，概以後者為主，凡見於不同地圖系列或各版外國海圖中者，均一律採之，以供參考。所據有《香港九龍新界地名志》（A Gazetteer of Place Names in Hong Kong, Kowloon & The New Territories）、《港九地名志》（Hong Kong Gazetteer）、《中國海航導》（China Sea Pilot, Vol.30）諸書及其他有關敘述香港地理之外文書刊等。又以上圖籍，均為英文本，故凡有徵引者，各條俱意譯為中文，以便閱讀。

九、前人著述之古籍方志，凡涉所述諸山者，靡不多方搜求，以作參考。或徵引，或訂譌，務使言必有據，信而有徵。

十、凡徵引或參照之圖籍，皆為著者師堯堂書室藏本，故能一字不易，照錄原文，以存其真貌，亦一律註明出處，引文如有節錄處，以『……』號表之。若非經眼之書，則不敢貿然轉錄。凡徵引之典籍及各類輿圖，均已開列於卷末之「參考文獻」及「關係輿圖」中。古籍及文史之書，皆註明卷數及版本等，以便讀者能據以覆按，並易於檢尋。

十一、著者所撰諸書，所收地名，除市區街道仍保留有英式地名外，其餘境內山川地誌，原有土名者，均盡量恢復其本稱，全以中名為主，務求去其殖民化形式，但仍以括號註出其西名，俾讀者可用作相互參照及查考之助。如用城門坳，不作『鉛礦坳』；用下環坳，不作『馬己仙峽』；用爛泥山，不作『渣甸山』；用煙墩山，不作『筆架山』等，皆為其例也。此類英式地名，以香港本島尤多，且充斥其間，觸目皆是，均已詳加敍述於拙著《香島地名錄存》中。

十二、地名有雖經多次諮詢，仍未查明或確知其實際方位所在者，均於地圖中，以括號加註『概位』（Position Approximate, 簡作 PA）及『疑位』（Position Doubtful 簡作 PD）於地名之旁，以資識別。此皆經多次問訊，及實地採訪，始獲知之，得來不易，為免堙沒，故特予以保存，仍標其名於圖中，以俟來者之探索與考覈焉。

十三、粵語方言獨特，保存古詞、古義較多，對古漢語之研究，有其一定之價值。粵方言詞，乃先輩所搋，而普通話無之。本書地名，亦多特殊用字，如「嵴」、「𥗪」、「氹」、「𠮩」、「冚」、「冧」、「奞」、「笏」……等是。或用本字，或用同音假借，不一而足。若屬後者，則註出其本字，以資識辨。惟有音無本字者，方用同音字代之。

十四、本書引用之參考輿圖，均為著者師堯堂所珍藏，此類地圖均屬精測之大比例等高線地形圖，已詳載於書末附錄之參考文獻中。其中以《香港地圖》GSGS3868（1:20,000）系列及《香港地圖》GSGS L8811（1:25,000）系列之山峰高程數據較多，故本書用以作依據，並逐一出註說明。若無標高者，方採取其他系列地圖或海圖之有者以作補充。又或是英制者，則一律改成公制。在《香港地圖》GSGS3868（1:20,000）及《香港地圖》GSGS L8811（1:25,000）兩系列之內，桂角山、雞公山、牛潭山、麒麟山均位於第十幅中。此套地圖印刷精美，自然地貌（physical feature）清晰，能令人一目了然，絲毫不爽，更可明確表達山區之地貌實況，較之現今坊間通用之《香港地圖》HM20C（1:20,000）系列，確有過之而無不及。是故本書地圖之編纂，皆奉之為圭臬，並據以為藍本，填入地名。初，潘女士原擬將之影印，隨書付刊，公諸同好，無奈因涉版權，未償所願，乃刪去原圖之等高線，僅保留山嶺之高程，並改用手繪，此舉較原定計劃，自是遜色一籌，深以為憾，尚冀讀者諸君諒之！

十五、為配合正文敍述，書中有附圖多幅，包括地圖、對景圖及照片等，均可供讀者參考對照，並能按圖索驥，瞭如指掌。

十六、地名索引，見於卷末，以四部山志內容所述者為限，用「四角號碼檢字」排列，置於參考文獻之後。至於西名之有特殊稱謂者，則另開列一欄，並繫以中名，相互參照，以便檢索；若為中名之音譯者，則一概從略。

十七、傳統山志，內容均有細分，若沿革、地域、物產、名勝、古蹟、藝文各門，燦然大備，此四山之志則無之，蓋以有關是類之明細資料，向無專書紀載，文獻亦不足徵故也。此實有異於《西樵山志》、《雲門山志》諸書之賅備，不可同日而語。是故此四山者，只能專紀其山川地理，其或有涉以上他志所立之細目者，亦一併融入正文中，概括而兼敍之，不另再分章闡述。

十八、是書取材頗廣，著者雖竭心盡瘁為之，然自問難免無絲毫之舛。邦多賢達之士，尚望大雅君子，不吝賜正；其有未逮，以俟來者。

清道光本《廣東通志》卷八十三《輿地略》——《新安縣圖》

西三
東莞縣界
龍穴洲
黃貝嶺
新塘
梅林
烏石巖
上村
新橋
茅洲
沙井
福永司
黃田
固戍
西鄉
新安縣
白石司
官富
深圳
赤尾
大沙河
南砲臺
西
伶仃山
右砲臺
南山
赤灣
左砲臺
平山
錦田
龍躍頭
聖山
大海
大海
龍鼓洲
山
船洲
東涌
急水門
雞翼角砲臺
大嶼山
二十二度
西三

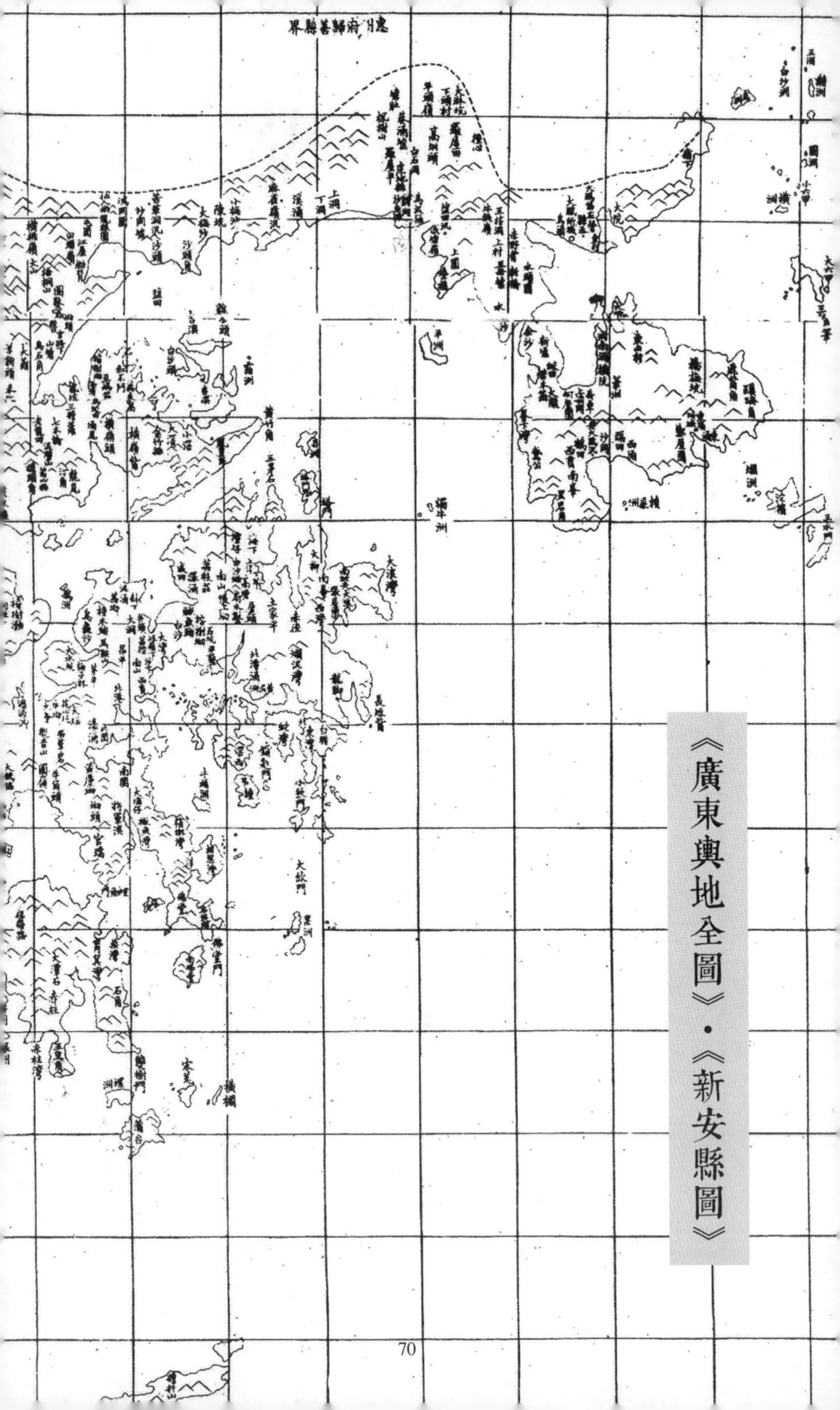

《廣東輿地全圖》‧《新安縣圖》

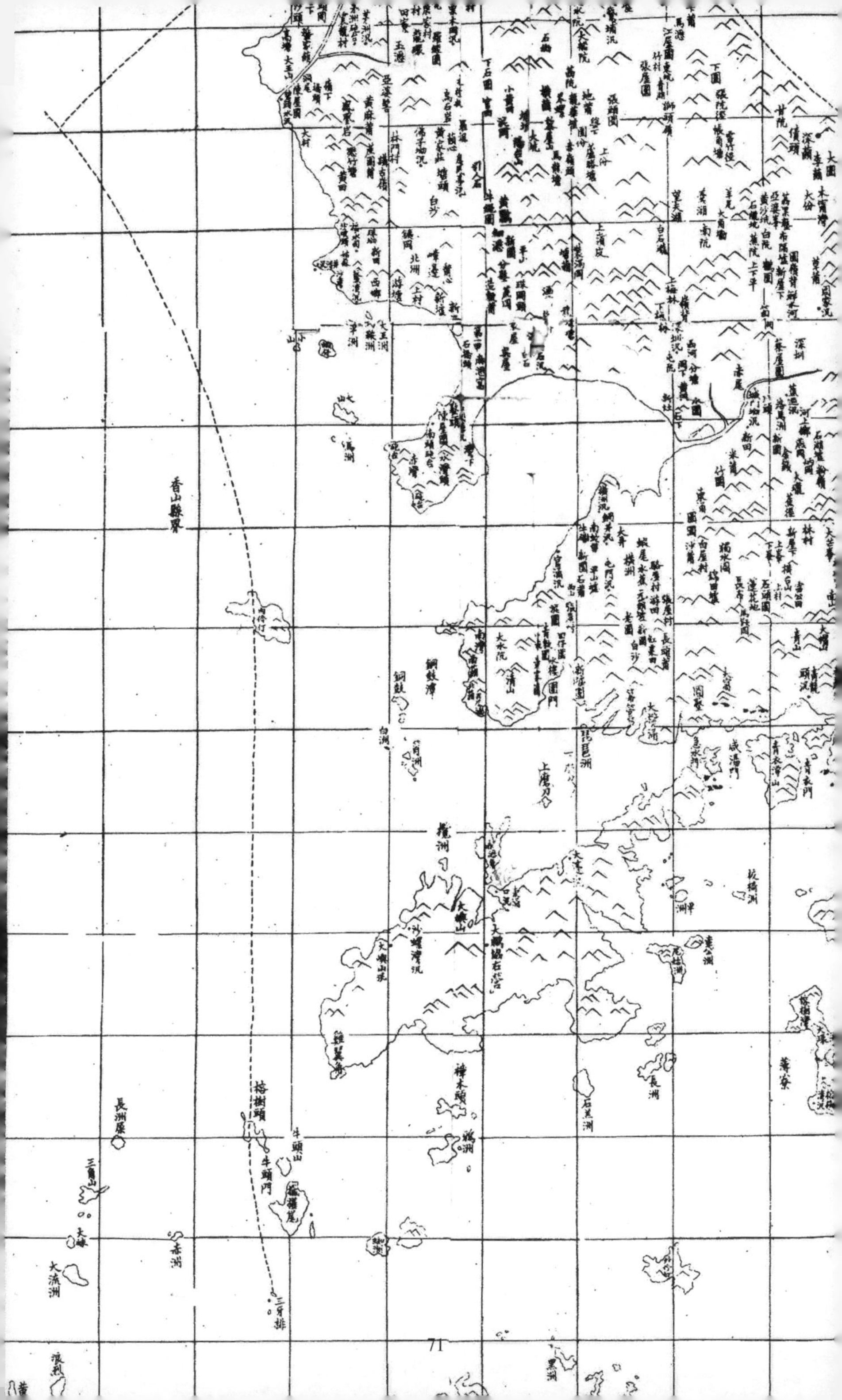
香山縣界
深圳
赤尾
大鵬協右營
長洲
大流洲
赤洲
三角山
榕樹頭
牛頭門
牛頭山
銅鼓
白洲
龍鼓洲
大嶼山
沙螺灣汎
上鷹刀
宋皇臺
蒲台

【第一部】

桂角山志

何乃文署

桂角山志

桂角山之得名

桂角山位錦田鄉之北，其得名之由，載於邑志，《康熙・新志》云：「桂角山在縣南三十里，上多桂，兩山競秀若角，一名牛潭山；其山有雲即雨，上有仙女梳妝石。」【註一】《嘉慶・舒志》謂：「桂角山在縣東南四十里，多產桂，兩山競秀如角，一名鼇潭山。其山有雲即雨，上有仙女梳妝石；宋鄧符築力瀛書院，講學於其下，今基址尚存。」【註二】兩書文字雖略有異同，然所紀者則一也。據其所述，即謂山有兩峰，對峙如角，其上多老桂，故以為名。清桂文燦纂《廣東圖說》亦主是說【註三】。《嘉慶重修一統志》則稱之為『挂角』，謂：「掛角山在縣南三十里，兩峰突起如角，曰大挂、小挂，一名牛潭山。」【註四】『挂』又書作『掛』，見清阮元修《道光本廣東通志》【註五】及戴肇辰修《光緒本廣州府志》。【註六】惟明黃佐纂《嘉靖本廣東通志》則缺載。錦田　鄧氏《師儉堂家譜》所附《先祖墓穴圖》，書作『圭角』。蓋『桂』、『挂』、『圭』，乃一音之轉也。

《新安縣志》所載桂角山兩峰，相距約二公里，一高一低，其後均有個別之專名。錦田　鄧族先輩，嚮以東峰為大羅天，西峰為雞公山。【註七】

大羅天海拔五七二米，其上有三角制高點【註七】。東側別舉一峰，為羅天頂，海拔五八五米，乃山之絕巘【註九】。稱羅天頂者，言其較大羅天尤高也。若自山麓仰望，可見者唯大羅天耳，故三角點立於其巔，以便觀測，而位於其背，更上一層，且為全山之冠者，尚有羅天頂一峰，則因視線受阻，為其所蔽，不可得而見也。斯兩者二位一體，遂形成古籍所稱之「大挂」。錦田　鄧族向以該山為一鄉之祖龍，乃風水之發祥地也。

【註一】　見清　康熙二十七年（公元一六八八年）勒文譔修、鄧文蔚等纂《新安縣志》卷三《地理志》。

【註二】見清 嘉慶二十四年（公元一八一九年）舒懋官修、王崇熙纂《新安縣志》卷四《山水略》。

【註三】據清 同治十三年（公元一八七四年）刊本所載。

【註四】見《嘉慶重修一統志》（清一統志）卷四四一。

【註五】清 阮元修《道光本廣東通志》卷一百《山川略》一。

【註六】清 戴肇辰修《光緒本廣州通志》卷十一《輿地略》三。

【註七】雞公山即小挂，海拔三七四米，較大挂之羅天頂低二一一米，參閱以下《雞公山志》中所載。

【註八】此據《香港地圖》HM20C (1:20,000) 第二幅。又《香港地圖》GSGS 3868 (1:20,000) 第十幅標高為五七一米，《香港地圖》GSGS L882 (1:25,000) 第六幅為一八七七呎，《香港地圖》GSGS L884 (1:10,000) 分幅 6B 同，約相當五七二米，《廣東地圖》GSGS4691 (1:50,000) 分幅 P10 SW 為五七〇米，《英國海圖》（BAHO Chart）九三九（1:50,000）及《英國海圖》六九六〇 (1:50,000) 均同。

【註九】此據《香港地圖》HM20C (1:20,000) 第二幅，其他諸圖均無標高。

山何以名大羅天

考大羅天者，源出於道書，蓋乃仙境之名，位居三界諸天之上。晉　葛洪《枕中書》引《真記》云：「玄都玉京　七寶山，周迴九萬里，在大羅之上。」【註一】唐　段成式《酉陽雜俎》卷二《玉格》載：「道列三界諸天，三界外為四天，四天外為三清，三清上曰大羅。」【註二】宋　張君房纂《雲笈七籤》卷二十一《天地部》引《玉京山經》云：「玉京山冠於八方諸大羅天。」又引《元始經》云：「大羅之境，無復真宰，惟大梵之氣包羅諸天。……故頌曰：三界之上，眇眇大羅，上無色根，雲層峨峨。」【註三】綜上所述，可知『大羅天』者，乃道家之最高仙境，無復真宰，無所不包，超越諸天之上。錦田　鄧族既以其山為祖龍，亦一鄉風水之發祥地，然則借用道家最高境界之大羅天，為主峰之定名，正是順理而成章者也，其於山靈亦可謂推崇備至矣！今人不明是理，徒以其西之『小挂』雞公山，總括為全山之名，此舉實屬不當。誠如是，則大羅天之名，日久必趨堙沒矣！

又或疑大羅天乃另一山，非位此處，認為在桂角之北，蕉徑之西，【註四】一峰聳立者，即為該山之所在云。按此說實荒誕無據，蓋其所云者，乃指今之牛潭山，以高度論，該山海拔僅三三七米，與桂角 大羅天較，尚差二三五米，【註五】何其相去之彌遠也？故若強配以『大羅天』之名，則是以小而括大也，故其說非是。【註六】

今錦田 水頭村 鎮鋭錩鄧公祠，有《鄧族鎮鋭錩祖祠茂荊堂重建緣起》碑刻一通，內謂：「茂荊堂位於錦田 北圍村之上，頗具風水地理之勝也。考其來龍，原於大羅天諸峰起脈，一路蜿蜒伸展而來，崇山起伏，峻嶺環繞，夭矯雄偉，【註七】蔚成龍蟠虎踞」云云，其言『大羅天』者，即指桂角山之主峰，可證也。【註八】

【註一】引文據《龍威祕書》本。◎垤案：《枕中書》一卷，原書入『子部・道教類・譜籙之屬』。此書收入《道藏》，別名《元始上真眾仙記》，舊題晉 葛洪撰，實屬偽託。

【註二】《酉陽雜俎》二十卷、續集十卷，唐 段成式撰，有商務印書館版《叢書集成初編》本，平裝三冊，乃據《學津討原》本排印，入『子部・小説類・雜錄之屬』，《四庫全書》已著錄。又上海 商務印書館另有《四部叢刊》本，乃據明季趙氏《脈望館本》影印，民國二十五年刊本，線裝三冊。

【註三】《雲笈七籤》一百二十二卷，宋 張君房纂，見《道藏》本（太玄部），入『子部·道教類·雜著之屬』。又本書《四庫》已著錄。

【註四】蕉徑，邑志作『蕉逕』，見《嘉慶新安縣志》卷二《輿地略·都里》官富司管屬客籍村莊。

【註五】兩山標高均據《香港地圖》HM20C (1:20,000) 第二幅。

【註六】因大羅天應指眾山之最高處，以今之牛潭山高度而論，實不足以作主峰之定名，參閱以下《牛潭山志》所載。

【註七】『天』、《香港碑銘彙編》誤作『天』，原文『天矯』，乃指來龍之氣勢。

【註八】該碑勒於一九八〇年，其全文刊於《香港碑銘彙編》頁五九五，編號二八七。

鼇潭、牛潭與龍潭之關係

方志稱桂角山，一名鼇潭山，或稱牛潭山【註一】，『鼇』與『牛』音近，吾國古籍及輿地之書，於此名每多通叚，且方志多輾轉抄襲，疏於實地攷察，以『牛』名地者，或改書作『鼇』，此例甚多，不勝枚舉。鼇、水中巨鰲也，與牛不相屬，何故因音近而逕改之？此蓋昔人視鼇為神物也。舊每以『鼇山』、『鼇頭』為吉祥之徵，而其形象，亦被美化，繪成魚形，故民間俗寫作『鰲』。《光緒廣州府志》作『鼇』，謂：「牛潭山，又名鼇潭，有雲即雨。」【註二】。查志書所載之牛潭，本名牛潭坑，導源於桂角山陰，下注蕉徑，乃附近村人之舊稱。其後粉嶺龍躍頭鄧族，於山麓澗畔，置地建廟，顏曰『龍潭水月宮』【註三】，奉觀音大士，以『龍潭』取代『牛潭』，其澗亦更名為龍潭水。所以言『龍』者，因『龍』較『鼇』尤勝耳，蓋有『升格』之含義也。今該地業權，仍歸鄧族所有，每年神誕，龍躍頭諸村父老，例必前往參拜，儀式隆重，成為傳統習俗。廟內有丙午碑刻，略謂：「溯本古廟，

創自新界　龍躍頭村　鄧龍岡祖，迄今二百餘載」云云【註四】。據此，可知廟之鼎刱，當在清季乾隆年間。今殿內懸鐘，乃道光二十四年（公元一八四四年）萬德爐所鑄，亦一百七十年前舊物也。至其易『牛潭』以為『龍潭』，則不知昉於何時，或當於建廟之際，又或在嘉慶之後，以邑志缺載，無可考矣。

至於牛潭之山，究在何處？昔年嘗赴蕉徑，訪諸鄉人，則咸指西端一嶺以對，亦即上文所述，誤指為『大羅天』者是也。斯乃古今之不同，惟實況如此，既與志書所載者迥異，吾人亦不得混為一談矣。

綜上所述，可知大羅天與雞公山，俱為錦田　鄧族先輩所定名，即方志紀載之『大挂』、『小挂』。而桂角即挂角，實為全嶺之總稱，此乃無可置疑者也。至若舊籍中所載之牛潭山（鼇潭山），今則專指位於牛潭尾與蕉徑間之一嶺，與桂角南北對峙，分庭抗禮矣。是以鄧族中，現仍遺留對大羅、雞公兩山之神話與掌故，而位於桂角之南，隔田相望之覆船岡與打鼓山諸坵（參閱頁一五〇），亦歸其傳聞之範疇，斯乃喜言舊事者所樂道也。

【註一】 蘢潭山見《嘉慶新安志》，牛潭山見《清一統志》。

【註二】 見《光緒廣州府志》卷十一《輿地略》三。

【註三】 龍潭水月宮之名，諸圖均未有標注。據《香港地圖》GSGS3868（1:20,000）第十幅，其方格網位置應為473220；又《香港地圖》HM20C（1:20,000）第二幅，則為KK011886。

【註四】 此碑勒於丙午年公元（一九六六年），全文見《香港碑銘彙編》第二冊，頁五七七，編號二六一。

《嘉慶重修一統志》石印本書影。

※

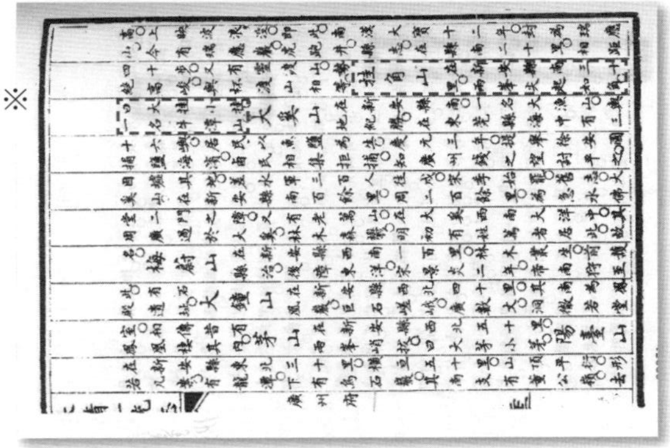

※

地相畢元始君經一劫乃一施太元毋生天皇十三
頭治三萬六千歲書爲扶桑大帝東王公號曰元陽
父又生九光玄女號曰太眞西王母是西漢夫人天
皇受號十三頭後生地皇地皇十一頭地皇生人皇
九頭各治三萬六千歲聖眞出見受道天元爲建初
混成天任於今所傳三皇天文是此所宣故能召請
天上大聖及地下神靈元所不制故天眞皇人三天
眞王駕九龍之輿是也次得八帝大庭氏庖羲神農
祝融五龍氏等是其苗胄也今治五嶽是故道隆上

枕中書　三

代弊極三王三王夏禹殷湯周武也是以淳風旣澆
易變而禮興禮爲亂首也周末陽弱而陰强國多寡
婦西戎金兵起而異法興焉旣而九州湮沒帝業荒
蕪此言驗也後來方有此事道隆之代其人混沌異
法之盛人民猾僞也洪曰此事玄遠非凡學所知吾
以庸才幸遭上聖聽目論天地之奥藏暢至妙之源
本輒條所誨銘之于素以爲絕思矣夫無心分之人
愼勿以此元始告之也故置遺跡示乎世之賢耳
眞記曰玄都玉京七寶山週廻九萬里在大羅之上

晉 葛洪《枕中書》書影。

唐 段成式《酉陽雜俎》封面及書影。

清 阮元修《道光本廣東通志》卷一百《山川略》一書影。

三角山在縣南五十里接新安縣界九峰峻聳如蓮花一名蓮花峯頂上有池不竭 大清一統志 高百丈周十五里 廣東輿圖 蓮花峯在縣東北六里九峯峻聳狀如蓮花一名三角山 方輿紀要

寶山在縣東北五十五里 元和志 舊以山有寶置場煎銀名石甕場今山中銀滓猶存 輿地紀勝 在城東南百餘里舊縣名寶安以此上有潭潭下有石甕飛瀑注之奔響如雷高六十丈周六里相連爲盧山 廣東輿圖

謹案各志俱將寶山載入新安今據新安新志註明此山不在境內自應從廣東輿圖歸入東莞

駱駝嶺在縣西八十里以形似名 輿地紀勝

曹幕山在縣西北八十里林陰蓊蔚大者合抱農隙採山如織百材于此取辦 同上 其南有石門巃嵷高廣橫列如城 方輿紀要 高十丈周一里 廣東輿圖

新安縣

文岡山在城東北五里一名尖岡高四十丈周圍二百丈陽臺之支山也 廣東輿圖

南山在城南七里高七十丈周五里秀拱如屏 同上 海濱上有雙石塔觀音寺 縣志 有石似仙人足鄉人多祈雨於此 新安新志

※

董公山在城東十里亦陽臺之支山也高八十丈周一里上有龍潭 廣東輿圖

杯渡山在城南二十里高峻插天一名聖山 府志 高二百丈周三十里有二石柱高五丈相距四十步 廣東輿圖 世傳有杯渡禪師渡海來居 輿地紀勝 東莞舊志山在縣南二百八十里卽屯門山也枕居大海遠望黃木灣正相對唐韓愈詩乘潮簸扶胥近岸指一髮屯門雖云高上映波浪沒卽此南漢大寶十二年封爲瑞應山今有瑞應巖虎跑泉 大清一統志 又名羊坑山 新安新志

靈渡山高二百丈周圍十五里勢絕高峻與杯渡對峙海濱 廣東輿圖 舊有杯渡井亦禪師卓錫處 府志 在縣南三十里與杯渡山對峙 新安新志

陽臺山在縣東北三十里橫亙五十里山頂平衍形若几案有龍潭下有烏石巖其南支有董公嶺去縣十里 大清一統志

大髻婆山在城北三十里近陽臺山形似大髻因名 新安新志

掛角山在縣南三十里兩峯突起如角曰大掛小掛一名牛潭山 大清一統志 高百八十丈周三十里 廣東輿圖

謹案掛角山一名桂角在縣東南四十里

山多老桂兩峯對峙其形如角故名牛潭
一名鼇潭有雲卽雨上有仙女梳粧石宋
鄧符築力行書院講學其下今遺址尚存
黃木山在城東三十里高百丈周二里一名筆架
山像其形也三峯秀矗如海外之山可望不可卽同上
左有蟾蜍石鄉人於此禱祀大清一統志
大鐘山在縣西北四十里其南爲鳳凰巖巨石嵯
峩廣數丈洞徹若堂室相傳昔有鳳凰棲其內同上
高七十丈周十里與鳳凰巖連亙一帶廣東輿圖
黃金洞在縣西三都多黃石其北爲藥勒村有湯
泉大清一統志
柑坑山在縣東北四十里高百丈延亙四十里多
產赤竹猺人居之同上與太平嶂夾水並行項背相
望廣東輿圖
參里山在城西北四十里坐南拱北方廣五里同上
在寶安縣東北南越志寶安縣東有參里縣人黃
舒者以孝聞於越華戎慕之如曾子改其里曰參
里也寰宇記
謹案東莞縣東晉爲寶安縣地今新安縣
明萬歷初析東莞縣地置
九逕山在縣南四十里下臨屯門澳明海道汪鋐
帥士人殲佛郎機於此新安新志

眞背嶺在縣東四十餘里一名大頭嶺康熙三年
遷界故址猶存
大帽山在城東五十里形如大帽由梧桐山迤邐
南旋西折高二百丈上有石塔多產茶俱同上
茅山在城西北五十里高七十丈延袤三里有大
茅小茅兩峯峭秀廣東輿圖
龍躍嶺在縣東南五十里又十里有雙魚嶺二山
相對臨水大清一統志高百餘丈周十餘里新安新志
畫眉山在縣東北五十里嶂坑逕側多畫眉鳥
三牙牌山在縣西南海中去縣一百二十里
紅水山在城南五十里周十餘里昔傳土人於此
遇賊殲焉坑水盡赤故名上有龍船石二各長二
丈許一仰一覆叩之聲如洪鐘其坑水流十餘里
田穫灌溉
七星岡山在城南五十里如七星羅列故名其山
有石如獅中有天后元君禾穀夫人廟祈雨甚靈
驗俱同上
梧桐山在縣東六十里有大小二山綿亙六十里
多梧桐異草頂有天池深不可測山腰有鹽田徑
大石結砌亙十餘里名曰亭子步下有赤水洞其
北有白面石巖深廣如廈外有甘泉大清一統志
海沙尖山在梧桐岡第三支高一百丈周二里一

桂角山地誌

羅天頂　大羅天　龍潭山

桂角山絕巘，三峰鼎立，最高處為羅天頂，居中，海拔五八五米。西南一峰即大羅天，海拔五七二米，於錦田水頭村仰望，則僅見此頂，故有三角制高點之設，主峰羅天頂位於其後，視線反為其所掩，不可得見也。【註一】

主峰羅天頂之東，尚有一峰為龍潭山，山陰幽壑間，龍潭之水出焉。龍潭

【桂角山南坡對景圖】

山海拔約五五〇米，乃桂角之第三高峰【註二】，其南接上岃，為水淋坑導源處。其北一嵴下伸，土名過背徑，下達龍潭坳，與牛潭山過脈，此嵴長而陡，童山沙磧，不生林木。其東山勢遞降，至龍潭凸，以龍潭水出於其北，故有是稱，該處乃一山口，高約四五〇米。

【註一】此兩峰之高程，乃據《香港地圖》HM20C（1:20,000）第二幅。舊版《香港地圖》GSGS L8811（1:25,000）第十幅，大羅天高程為五七一米，羅天頂無標高。

【註二】龍潭山諸圖均無標高。

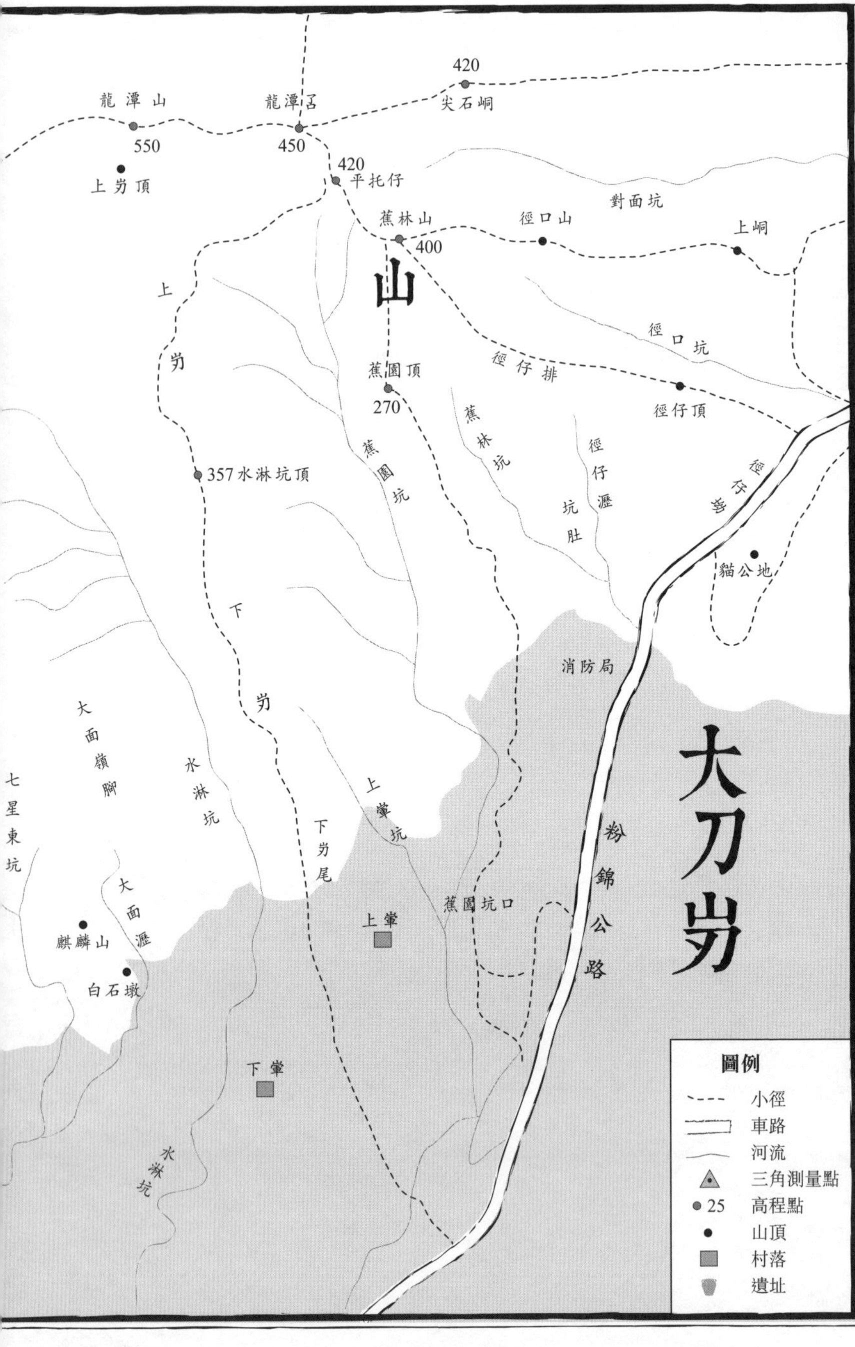

420
龍潭山
龍潭石
尖石峒
550
450
420
上屶頂
平托仔
對面坑
蕉林山
徑口山
上峒
400
山
上
屶
徑口坑
徑仔排
蕉園頂
270
徑仔頂
蕉林坑
徑仔瀝
蕉園坑
357水淋坑頂
徑仔坳
坑肚
貓公地
下
消防局
屶
大刀屶
大面嶺腳
七星東坑
水淋坑
上黨坑
粉錦公路
下屶尾
大面瀝
蕉園坑口
上黨
麒麟山
白石墩
下黨
水淋坑
圖例
小徑
車路
河流
三角測量點
25
高程點
山頂
村落
遺址

【桂角山南坡地名詳圖】

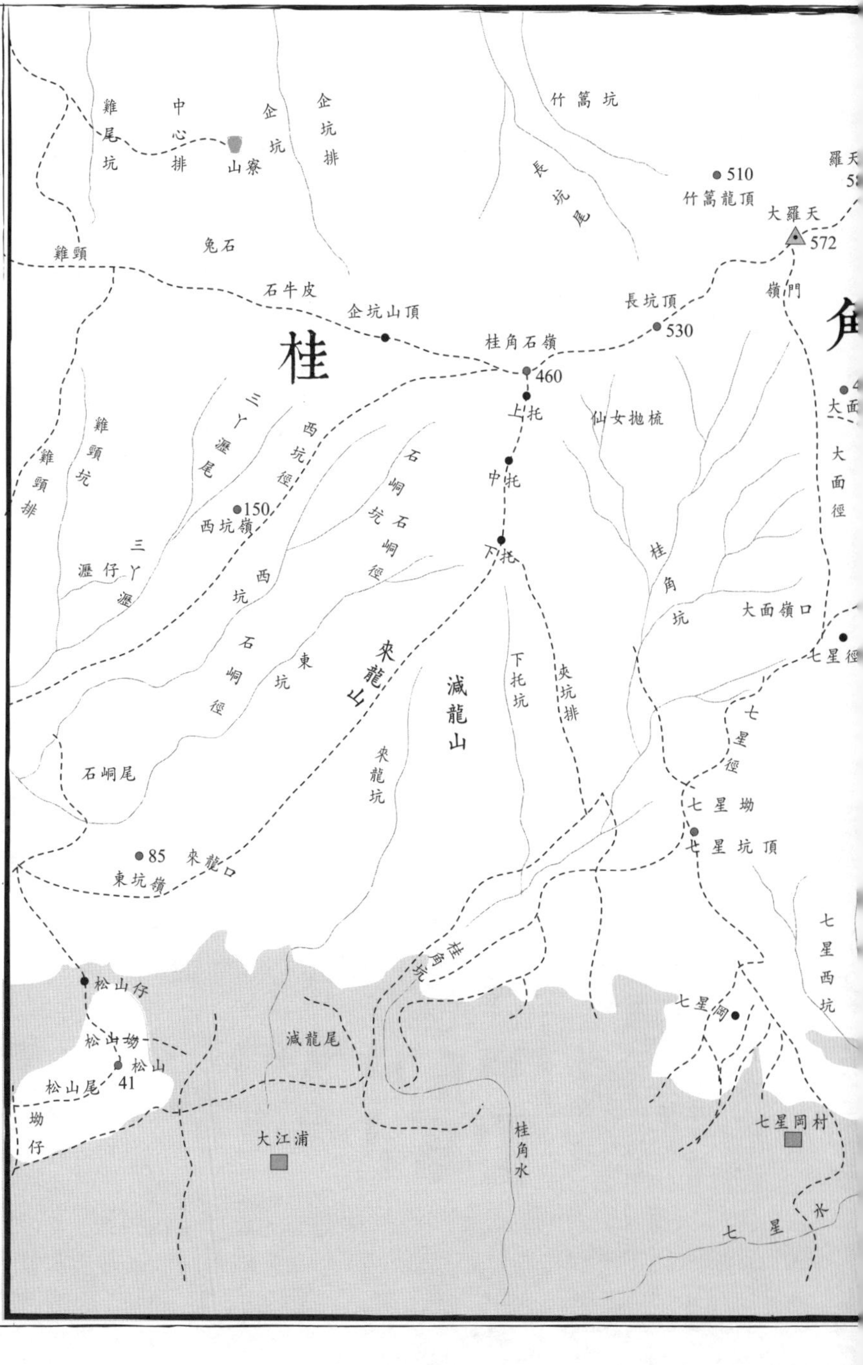
竹篙坑
雞尾坑
中心排
企坑
企坑排
山寮
長坑尾
510
竹篙龍頂
大羅天
572
雞頸
兔石
石牛皮
企坑山頂
長坑頂
530
嶺門
桂
角
桂角石嶺
460
上托
仙女拋梳
大面徑
三丫瀝尾
西坑徑
石峒坑
石峒徑
雞頸坑
雞頸排
中托
150
西坑嶺
三丫瀝
瀝仔
下托
西坑
桂角坑
大面嶺口
七星徑
石峒徑
東坑
來龍山
滅龍山
下托坑
夾坑排
石峒尾
來龍坑
七星坳
85
東坑嶺
來龍口
七星坑頂
七星西坑
松山仔
七星岡
松山坳
松山
41
滅龍尾
松山尾
坳仔
大江浦
桂角水
七星岡村
七星水

桂角山南坡

至若桂角山之陽，大小峰巒多座，內有平托仔、蕉林山、蕉園頂、水淋坑頂、大面嶺、七星岡、桂角石嶺諸名，茲分述之如下：

平托仔　徑口山

平托仔位龍潭叾之下，孤岑聳立，高約四二〇米，其側小塢，下導一澗，東入打石湖，名對面坑。澗南長嵴之上，蹊徑蜿蜒，再降為徑口山，有二坵，為上峒、

【自下輋村仰眺桂角山南坡對景圖】

對景圖於羅天頂、龍潭山位置略有修正，鳴謝黃鴻基君提供資料。

下峒，自山之東登絕頂者每多由此。山陽一溪出蕉林山之東，名徑口坑。

蕉林山　徑仔頂　蕉園頂

蕉林山，高約四〇〇米，其上屺屼，草木稀疏，名不符實。詢諸鄉老，方知此山西側，導一水，土名蕉林坑，下注犂頭尖，溝內野蕉成林，山之命名以此。

徑仔排乃蕉林山東南之一嵴，下起一嶺，為徑仔頂，其西一溪為徑仔瀝，南流合於蕉林坑。蕉林坑與徑仔瀝相夾處，土名坑肚。

蕉園頂一稱蕉園山，高約二七〇米，位犁頭尖之上，其麓舊有蕉園，故名。【註】對上一峰，即為蕉林山。

【註】犁頭尖，今圖標作泥頭尖，在粉錦公路旁，附近山畔有消防訓練學校。

水淋坑頂　上岃　下岃

水淋坑頂上承龍潭山南降之餘勢，居長嵴之中央，山徑旁，有大石兩座，疑為火山岩之屬。其上稱上岃，下稱下岃，而盡於下岃尾，至下峯村之北側入於平疇。上岃頂再上，即為龍潭山。水淋坑頂即下岃頂，高三五七米，【註】長澗水淋坑位其西側，山以之得名。

【註】《香港地圖》HM20C（1:20,000）第六幅無標高，此據《香港地圖》GSGS L8811（1:25,000）第十幅及《廣東地圖》GSGS4691（1:50,000）分幅 P10 SW 所測。

大面嶺　麒麟山　白石墩

大面嶺當大羅天之下，中隔一凹為嶺門，山椒廣闊，因以為名，高約四九五米。於錦田一帶眺之，尤為顯著。舊以其與大羅天一脈相承，乃來龍之所自，故常以兩者合稱。《錦田鄧氏師儉堂家譜》所附《先塋圖》中亦載之。

南伸一嵴稱大面徑，下達大面嶺口，至此歧為二支，東南續降者為大面嶺腳，正南方則接七星徑頂，乃七星東坑導源處。至此趨西南，降為七星徑，過七星坳為七星坑頂，東南側又出一溪，為七星西坑，下與七星岡相連。【註】

【註】若自錦田平原登大羅天，以取道七星岡村，循此長嵴而上，乃為最捷之途。

自七星岡遠眺大面嶺。

大面嶺腳之下，一嵴伸延，另舉秀峰，孤挺不羣，望之如華蓋，土名麒麟山。【註】仰眺石嵌峰際，參差偎倚，周遭灌叢掩覆，浮翠可愛。餘勢復起一坵，為白石墩，坡間石英四佈，因以為名。頂陳化糞池貯水缸一列，自遠覘之，瞭然在目。

【註】 麒麟山為常見之通用地名（common place name），此與《麒麟山志》所述者為同名異地。

七星岡

七星岡者，有坵凡七，遞疊而升，上承大面嶺，接大羅天之來龍，錦田鄉人視之為風水要地也。其上蹊徑蜿蜒，可直薄大羅天。南麓有七星岡村，一九二八年城門構築水塘時，遷河瀝邊鄧姓村民二十三人於此【註】。

七星岡村鄧氏宗祠。

【註】河瀝邊一稱河背，為舊城門八鄉之一，其故址在今城門水塘西岸，現已闢為『歷奇樂園』。一九二八年有村居六戶，丁口一百二十六人，多為張姓，餘為鄧、高、胡諸姓。以務農為業。後當局分徙之於錦田、魚角及雞嶺一帶。其中鄧姓二十三人，被安置於錦田之七星岡。當年遷村時，香港英政府補償七千九百餘元，包括開闢村址及修建房屋等。（以上節錄拙著《香江方輿稽原略》卷八〈**七星岡**〉條）。

長坑頂　仙女拋梳

大羅天之西，稍降為長坑頂，高約五三〇米，位山梁之上，其西北出一峽，乃長坑發源處。長坑頂再降為桂角石嶺，【註】主嵴之南，幽壑相連，土名仙女拋梳，乃桂角水諸溪分導處。

【註】此亦可依鄧氏《師儉堂家譜》所沿用之稱謂，書作『圭角頂』、『圭角水』、『圭角石嶺』等。

【仙女拋梳與桂角坑位置圖】

桂角石嶺　仙女梳妝石　企坑山頂

桂角石嶺或稱桂角石峒，高約四六〇米，絕巘有『仙女梳妝石』，載於《新安縣志》【註一】，山下仰望，甚為矚目。巨石堆壘成陣，桂角山中景觀，以此最為突出。桂角石嶺之西，主嵴下伸，經企坑山頂、石牛皮、兔石至雞頸，與雞公山接脈。

桂角石峒之南，上托之下，出一嵴西南向，為石峒徑，以其位桂角石峒之下，故名。其下段位東坑與西坑之間，至石峒尾，脈盡於東坑畔。

企坑山頂以企坑而得名，【註二】其南一嵴西南向，稱西坑徑，東側一溪，即為西坑，故以為名。長嵴分上下兩段，其交接處，土名西坑嶺，高約一五〇米，伸延至山麓北圍村，而沒於平疇。

仙女梳妝石。

【註一】仙女梳妝石，分載康熙版《新安縣志》卷三《地理志》及嘉慶版《新安縣志》卷四《山水略》〔桂角山〕條內。俗稱『仙女梳妝臺』，早歲嘗訪之於錦田水頭村前輩，始獲知之。

【註二】參閱以下〔**桂角山北坡・企坑山**〕條。

石牛皮　兔石

石牛皮者，露岩也，頗肖獸皮一襲，首足悉備，乍視之，又似獻牲，橫陳於山梁之上。

兔石者，在石牛皮之下，雞頸之上，有頑石如獸，蹲伏山畔，狀若脫兔，耳目畢備，土人謂之『兔石』，或附會之以為『鼇頭石』者，非也。嘗訪之先輩，咸指『鼇頭石』當在昔日力瀛書院之上，位雞公山坡間，下與圭角泉相應，不應在此處，又因此石與圭角泉相距甚遠，故非『鼇頭石』可知。【註一】力瀛書院為北宋時錦田先祖鄧符協所建，相傳符協精青烏之術，覩桂角山之上，一石肖鼇頭之形，乃築書院於其下，盼子弟求學於斯，能終成大器，以喻獨占鼇頭之意也。【註二】又名詩人潘小磐前輩《餘菴詩艸》中，【註三】有《登雞公山》三首，其一題下自註云：「山上有鼇頭石、仙女梳妝石、神仙腳印等勝迹。」惟未確指其當在山中某處耳。『鼇頭石』或書作『鰲頭石』，與所云『神仙腳印』，余嘗往跡之，終莫知為何處。

【註一】參閱《雞公山志》〔**泉山瀝**〕條。

【註二】力瀛書院載《嘉慶新安志》卷四《山水略》〔**桂角山**〕條中，知清季中葉時其基址猶存。《光緒廣州府志》作『力行書院』。

【註三】潘小磐（公元一九一四—二〇〇一），原名世安，以字行，號餘菴，廣東順德大良人。遺著有《餘菴文存》四卷、《餘菴詩草》十二卷、《餘菴詩續》一卷、《餘菴游艸》一卷、《餘菴詞》一卷等。其中《餘菴詩草》卷十二題為《行健集》，收錄作者漫遊香港境內山川勝迹佳什多首，冠以小序云：「山水之樂，古今所崇。余近年草笠芒鞋，攀緣崖谷，心情開朗，而體亦加健，因憶《周易》『天行健，君子自強不息』二語，取以名集。」

來龍山

桂角石嶺之南側，有長嵴西南向下引，形勢甚雄，其間

石牛皮全貌，首尾俱備。

兔石正面觀。

三拱相續，起伏有緻者，為上托、中托、下托。越此以下，則稱來龍山，長嵴過來龍口，至盡處起一坵，為東坑嶺。【註】

【註】其南有錦田 鄧族五世祖副妣黃氏墓，碑誌土名「東坑嶺」，舊碑已仆，此乃公元一九八八年重修時新勒者。墓主黃氏，為鄧鍔之生母，明 洪武間為鄧洪儀簉室，後孀守鄉中，族人為建凌雲靜室於觀音山麓，以作奉佛潛修之所，即今凌雲寺之前身也。參閱宋學鵬撰《凌雲寺史》及《凌雲佛學研究社五週年紀念刊》（民國二十七年鉛印本）所載。又《錦田鄉乙未年第三十三屆酬恩建醮特刊》「凌雲寺簡介」中亦有記述。

減龍山　夾坑排

來龍山之東，另有減龍山，兩者隔坑對峙，乃一山嵴，於下托分脈，至減龍尾，在大江埔附近入於平陽。嵴間有徑登下托，接來龍山，仰望可見仙女梳妝石。減龍山又東一嵴，則為夾坑排，以位下托坑與桂角水之間，故名。夾坑排又東，隔桂角水，即七星徑所在處。

東坑嶺　松山　太山

東坑嶺高約八十五米，餘勢西南伸，釐為三支：居中者為嶺腳，南者為松山，北者為圓山。嶺腳或呼東坑嶺腳，其盡處入於平疇，是為筲箕窩，附近多塚墓。【註一】

松山位東坑嶺南，相接處為松山坳，有小坵，名松山仔。是處有幽徑，上達石坳仔，或稱石凹地，另一端過黃蟮落塘，穿林而出，經上水鯉魚（大明湖），可通大江埔。松山茂林覆蓋，高四十一米，【註二】西端小頂，為松山尾，再越坳仔，則為太山。松山與太山，東西橫亘，同嶺異稱，相續如啞鈴，松山尾居中，為其握柄，與嶺腳南北對峙，平行而出。太山高約二十餘米，中有

【來龍山對景圖】

裂隙，稱筲箕罅，以近筲箕窩東側而得名，頂有尖石，小樹點綴其間，狀若帽飾。該處有錦田 鄧族祖墳多座，太山云者，乃『太公山』之簡稱耳。

【註一】其中有錦田 鄧族五世祖鄧洪儀原配張氏塋，重修於清 康熙四十三年甲申（公元一七〇四年），碑誌土名「筲箕窩」。

【註二】據《香港地圖》GSGS L8811（1:25,000）第十幅。今圖 HM20C（1:20,000）第六幅無標高。

石坳仔　秀茂林

東坑嶺背有徑，連接來龍口與石坳仔之間。石坳仔位東坑嶺之西，乃一山口，地勢坦平，其下有鄧氏塚三穴，墓誌有土名。石坳仔之西，與圓山尾相接，南為秀

【桂角石嶺一帶對景圖】

茂林，乃叢葬之所【註】。圓山尾之北為埔水頭，瀕沙埔河畔，屬北圍村範疇。

【註】秀茂林附近多墟墓，原稱掃墓林，後改今名。

圓山

圓山尾又西為圓山坳，附近墓誌或稱圓山間，越之西北向，起一嶺，為圓山，呈橢圓形，止於沙埔河濱，至渴象飲泉而盡。圓山高五十九米，【註一】其頂修長而坦平，雜草叢生，無徑可循，中有石脈橫貫其間，山背有五馬歸槽鄧墓。又圓山，今圖均作『園山』，蓋以二字音同形近而致誤也。【註二】

【註一】《香港地圖》HM20C（1:20,000）第六幅無標高，此據《香港地圖》GSGS L8811 第十幅及《廣東地圖》GSGS4691（1:50,000）分幅 P10 SW。

【註二】如《香港地圖》HM20C（1:20,000）第六幅及《新界西北部郊區地圖》等，是因不知圓山乃以其呈橢圓而得名，遂書作『園』，而本義失矣。

桂角山北坡

桂角山之北坡，下臨平疇，登臨縱目，可遠及深圳、後海，是故於福田，黄岡（皇崗）一帶南眺，亦可遙見。此處山中一帶，地形複雜，峽谷縱橫，同嶺異勢，較之南坡尤甚。第以坊間地誌之書，尚鮮刊載，故特詳而述之，藉以明其梗概焉。

過背徑　深坑岃　深坑瀝頂

龍潭山陰，餘勢歧為三支，正中為過背徑，已見前述，東北為老龍山，西北為深坑岃。過背徑與老龍山之間，原有小溪，土名老龍坑，流量甚稀，無雨則枯。過背徑與深坑岃間，相隔者為過背坑。深坑岃西一澗，即為深坑瀝，與過背坑俱導源於龍潭山北，兩者相匯於深坑瀝頂西側。

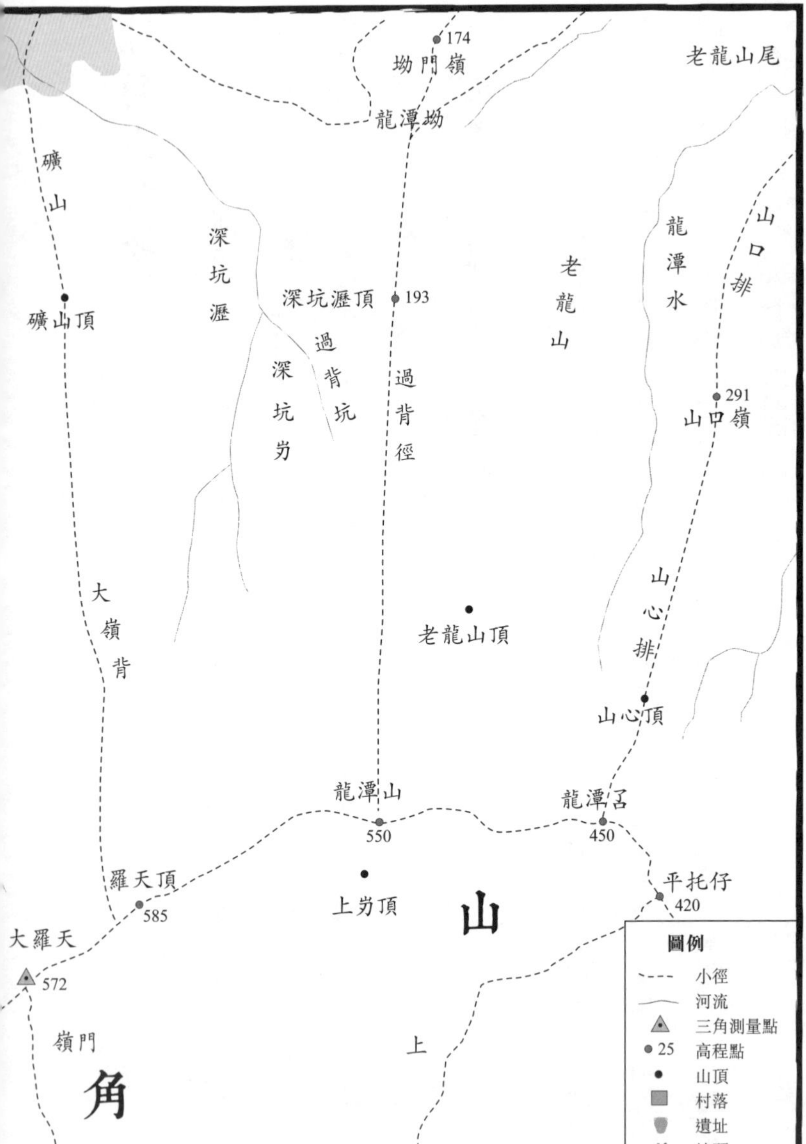
174
坳門嶺
老龍山尾
龍潭坳
礦
山
深
坑
瀝
龍
潭
水
山
口
排
老
龍
山
礦山頂
深坑瀝頂
193
過
背
坑
深
坑
屴
過
背
徑
291
山口嶺
大
嶺
背
老龍山頂
山
心
排
山心頂
龍潭山
550
龍潭召
450
羅天頂
585
上屴頂
山
平托仔
420
大羅天
572
嶺門
角
上
屴
圖例
小徑
河流
三角測量點
25
高程點
山頂
村落
遺址
坡頭
橋

【桂角山北坡地名詳圖】

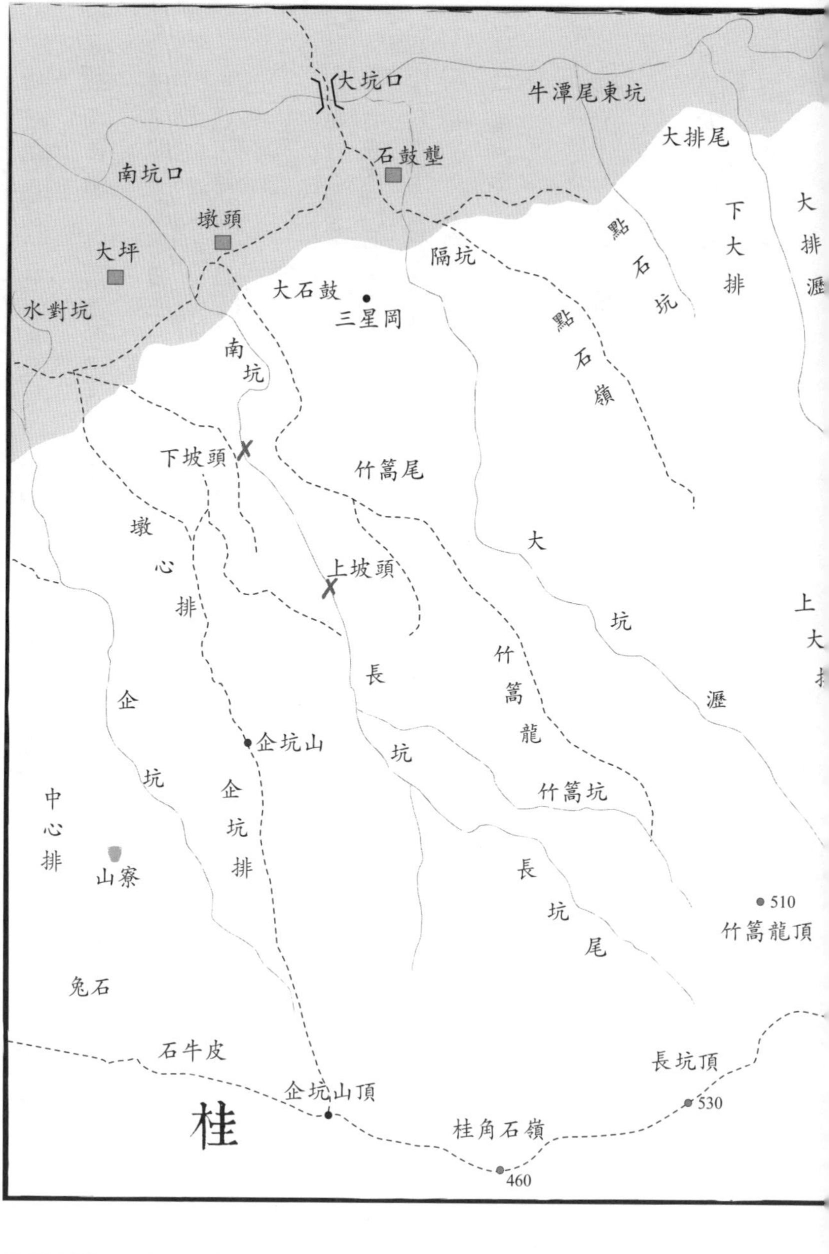
大坑口
牛潭尾東坑
大排尾
石鼓壟
南坑口
墩頭
大坪
下大排
大排瀝
點石坑
隔坑
大石鼓
三星岡
水對坑
點石嶺
南坑
下坡頭
竹篙尾
墩心排
大坑瀝
上坡頭
上大排
長坑
竹篙龍
企坑
企坑山
竹篙坑
中心排
企坑排
山寮
長坑尾
510
竹篙龍頂
兔石
石牛皮
長坑頂
企坑山頂
530
桂
桂角石嶺
460

深坑瀝頂高一九三米【註一】，在過背徑之西北，嵴間起一托，即其處也。再降，過龍潭坳西側，直落溪谷盡處，尚有一坵，土名龜嶺，其北麓乃龜地所在，其南對上一頂，即為案臺嶺。【註二】自過背徑起，西向尚有礦山、點石嶺、竹篙山、企坑山等。再西，越企坑為中心排，即與雞公山混成一體。【註三】

【註一】據《香港地圖》GSGS3868（1:20,000）第十幅、《香港地圖》GSGS L8811（1:25,000）第十幅、《廣東地圖》GSGS4691（1:50,000）分幅 P10 SW 等。

【註二】◎垤案：『龜地』，為通用地名，另有龜地、龜地坑，在雞公山南麓，與此同名而異地。又以上有關「龜嶺」、「龜地」、「案臺嶺」等，參閱《牛潭山志》各條所載。

【註三】參閱以下《雞公山志》。

礦山　點石嶺　大排

過背徑已見前述。礦山舊傳有礦迹，故名。礦山頂上接大嶺背，乃桂角山主峰羅天頂北伸之長嵴。其西一山，坡間多石，遠望如繁星點點，因名點石嶺，嘗聞有好事者欲擬之為『點金山』，蓋取『點石成金』之意，以與其側之礦山相埒云。山中低陷處，有小溪，名點石坑，水量不多。點石坑之東，與大排瀝之間，另有長嵴，土名大排，亦主峰羅天頂西北延伸之餘脈也，中有上大排、下大排之分，相接處一嵴，西北向歧出者，即為點石嶺，北向直落者方為下大排，至山麓處，則稱大排尾。

竹篙山　三星岡

竹篙山或稱竹篙龍，主峰為竹篙龍頂，高約五一〇米，仰望之，山勢如長竿挺豎，高峻入雲，直薄大羅天之後，故名。竹篙龍頂稍上即為大羅天，高差僅約六十餘米。竹篙龍之下端，山勢稍夷處，則為竹篙尾。餘勢起伏處，土名三星岡，再降至大石鼓，而盡於墩頭，【註】其北麓因名石鼓壟。

【註】墩頭，今俗作躉頭。

企坑山

企坑山或稱企坑排，在企坑之東側，山以溪得名。其嵴上達桂角山梁，相接處稱企坑山頂，【註】位桂角石嶺之下，石牛皮之上。北端嵴間高約一七〇米處，有『雞仔石』矗立，仰望如雛，故名。其下有廖氏塚。再降為墩心排，餘脈北向，至蕉園、大坪而盡。

【註】 參閱以上〔**桂角山南坡・企坑山頂**〕條，見頁九六。

中心排　山寮

中心排或稱東心排，【註一】土音則呼棟心排，【註二】位桂角、雞公兩山之間，當二者之分野處，故有是名焉。此嵴在企坑山之西，相隔一溪即為企坑，其間小隖深藏，土名山寮，高約二三〇米。【註三】有敗屋數椽，杳無人踪，詢之土著，謂其地乃在『兔石』之下，【註四】有橫徑與雞尾排相通。昔有豢雞者居之，後皆徙於別所。

【註一】麒麟山中亦有東心排，與此為同名異地，參閱《麒麟山志》〔**東心嶺**〕條。

【註二】『中心』，土音有呼作『東心』或『楝心』者，此東心排是其一例，至於海中島嶼，如中心洲、中心排之類，亦常聞土音有呼作『楝心洲』或『楝心排』者，又如『岩』，土音作『顏』，『墩』，土音作『躉』等，皆為其例也。

【註三】山寮高度，據《香港地圖》GSGS L882（1:25,000）第六幅，乃在等高線七五〇呎處，約相當二三〇米。

【註四】兔石已見前述。

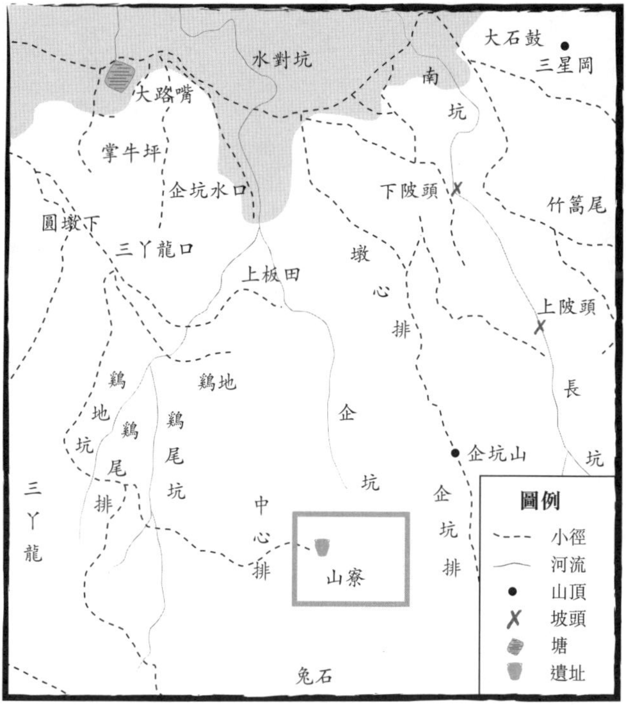

【山寮位置圖】

桂角山之東北隅

桂角山第三峰為龍潭山，其北長嵴為過背徑，下達龍潭坳，已見前述。

老龍山

龍潭山與過背徑之東，乃桂角山之東北隅，一嵴歧出者，土名老龍山，最高處為老龍山頂，上承龍潭山正脈，上陡下緩，上窄下寬，直薄老龍山尾，至谷底處，龍潭水月宮在焉。其東側為龍潭水，越谷為山口嶺。

山口嶺　山心頂

夾坑屴　企屴

山口嶺高二九一米，當長

嵴之中心。【註】此嵴上段為山心排，下段為山口排。山心排最高處為山心頂，與尖石峒相接。山心排之下，東西兩嵴分脈：前者為夾坑岃，相接處為夾坑岃頂；後者為山口排，相接處為山口嶺。

夾坑岃居兩澗之中，東曰公坑，西曰婆坑，匯於其麓，相合之處，一坵橫亙隴上，修長而頂平者，土名鱷魚出洞，其西側即山口排所在處。岃上

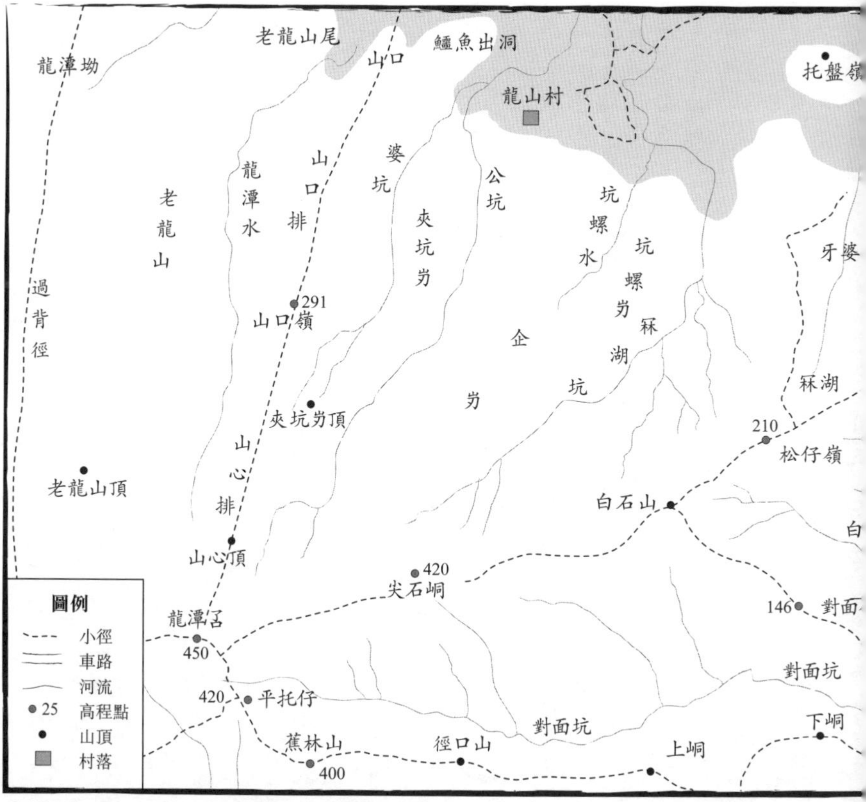

【桂角山之東北隅地名詳圖】

植被蒙茸，遠望葱翠，毗鄰諸嶺，無與倫比。

山口排以位處山口之上而得名，嶺間曲徑蜿蜒，上連山心排，越山心頂以達龍潭𠮧，下與鱷魚出洞相接，西與老龍山尾隔龍潭水相望。其麓耕隴，土名即山口也。

企岃在夾坑岃之東，中隔公坑，其北麓即龍山村所在。又東為坑螺水，土人以澗中多產石螺，因以為名。

【註】山口嶺高程，乃據《香港地圖》GSGS3868（1:20,000）第十幅及《香港地圖》GSGS L8811（1:25,000）第十幅標高，《廣東地圖》GSGS4691 (1:50,000) 分幅 P10 SW 同。

【桂角山之東北隅對景圖】

坑螺岃　冧湖　牙婆藪

坑螺水之東為坑螺岃，又東為冧湖坑，溪壑中凹陷處，有小窩，當白石山之下，土名冧湖，林木蓊蔥而人跡罕至，土人謂時有山豬、野貓之屬，出沒其間。幽谷之東，即為牙婆藪、『蠄蟝石』之所在處。又上述之公坑、婆坑、坑螺水、冧湖坑諸溪，俱先後依次匯注於龍潭水中。

尖石峒　白石山
對面嶺　松仔嶺

自龍潭山東下龍潭㕣，【註一】經平托仔、

蕉林山至徑仔頂，均有徑可循。【註二】再降至徑仔坳，於亞公田村北，越貓公地，過峽為大刀屻。【註三】

龍潭孖又東，山勢歧出，東向者為尖石峒，高約四二〇米，有頑石矗立其巔，稱『尖雞石』，遠望甚顯著。舊傳附近有『仙人洞室』，嘗往追之，惜未得其處。又東遞降為白石山，巔多石英，呈白色，故名。至此又分脈成南北兩支，前為對面嶺，後為松仔嶺。【註四】對面嶺光禿而浮石多，松仔嶺蓊鬱而林木盛，兩者截然不同也。對面嶺高一四六米，【註五】其南麓有對面坑，均與打石湖相對，村人因以為名。自對面嶺仰眺，可覩『尖雞石』兀立於上。

松仔嶺高約二一〇米，絕頂宏開，登臨暢眺，遠山崔嵬峻削，乃大刀屻諸峰。俯瞰前方谷口，橫圳陂與鵝地嘴，左右箝制，形勢天成。其東一嵴，前對九龍頭，【註六】上有濠塹，竚立其巔，環視左右，幾疑置身兵家必爭之地也。如今，壘坎已廢棄日久，蒺藜亦鏽蝕殆盡，皆半掩於叢薄中矣。

松仔嶺與對面嶺之間，有白石坑東南流注，下溉高田磡，【註七】再與打石湖水相匯。此溪源出白石山之東，故以為名焉。松仔嶺後為牙婆藪，再降為影下，至石瀝磋，越營盤坳，接九龍頭，過峽為大刀屻。【註八】牙婆藪之北為『蠄蜾石』，又北為獅地，隔田另起一阜，為托盤嶺，至蕉徑彭屋而盡。——此乃桂角山東北一隅之概略也。

【註一】龍潭召乃一山口，為龍潭水導源處，參閱前述。

【松仔嶺對景圖】

【註二】參閱本編〔**桂角山南坡地誌**〕所述。

【註三】此乃位於南面之過脈處，參閱《大刀岃志》。

【註四】此與雞公山北麓之松仔嶺為同名異地，切莫相混也。參閱《雞公山志》〔**松仔嶺**〕條。

【註五】此據《香港地圖》GSGS L8811（1:25,000）第十幅。

【註六】或作『狗頭龍』，參閱《大刀岃志》。

【註七】拙著《香港輿地山川志備攷》卷十一《野外地誌》〔**高田磡**〕條云：

「高田磡在松仔嶺東南麓，……地當粉錦公路側，北距打石湖橋頭約二〇〇餘米。其地勢較打石湖一帶田隴為高，故名。」

【註八】此乃位於北面之過脈處，參閱《大刀岃志》。

【自松仔嶺山嵴俯瞰蕉徑形勢圖】

『睡佛山』幻景

又桂角山東北，除上述諸峰外，尚有所謂『睡佛山』者，亦每為掌故家所樂道。睡佛山原稱攤屍嶺，俗呼死佬山，遠覘之，如巨人斜倚山間，仰天垂足，闔目偃臥，形態畢肖，若自蕉徑彭屋赴龍潭廟途中，過村外葵林，朝左方矚之尤似。余初猶未悉其處，茫然無所知，及赴蕉徑，偶得長者為導，指以相告，始獲悉其端倪。【註一】

原夫睡佛山者，實非真有其山，蓋自某角度觀之，山體相互覆疊，幻生人形之特殊地貌耳。此乃由龍潭山、老龍山等湊合而成，設若易以他所，則此景將化為烏有。斯乃大自然之奧妙，鬼斧神工之創作，每令吾人瞠目結舌，讚歎為觀止者也。

又蕉徑當地鄉人，均以攤屍嶺之名不兆，後乃改稱之為『睡佛山』，以與

「睡佛山」近觀。

龍潭觀音相互配合云。【註二】

【註一】拙著《香江方輿稽原略》卷五〈**蕉徑攤屍嶺**〉條云：「有關攤屍嶺傳聞，……昔年嘗訪之於蕉徑老圍與彭屋等處，均指此山位於尖石峒附近，然自龍潭廟一帶仰觀，細察其地貌，惟見山梁之上，湊合成形，頗似粵北　平遠之死佬山。並知土著以此山前方，正朝向羅湖之金牌嶺，且遙相呼應，謂與風水攸關，復與其附近之『仙人洞室』，實一氣相連云云。顧其事涉玄怪，又非本文範疇所及，故略而不述，以俟掌故家之談助可也。」

【註二】本無象形之初機，而天工造化，竟臻於此，誠巧極矣！

桂角山陽諸澗

桂角山南諸澗分導，皆下注錦水。【註】自東而西，有蕉林坑、蕉園坑、水淋坑、大面瀝、七星坑、桂角坑、來龍坑、東坑、西坑等。

【註】流經錦田平原者，有南北二河，南為錦田河，北為錦水。錦田河上源出蓮花山北諸溪，

自蕉徑仰眺「睡佛山」。

如清潭水、河背水之類是也，參閱拙著《蓮花山志》〔**錦田河**〕條。至於錦水，其名不見於今圖，《香港地圖》HM20C第六幅只見錦田河，而錦水則付闕如。拙著《香港輿地山川志備攷》卷十四〔《河溪・水庫》〔**錦水**〕〕條云：「……今圖不見有錦水之名，……《便母橋碑》亦未載。昔年嘗訪之水頭村故老，始知有錦水之名。後至錦田　水頭村，見鎮銳鋗鄧公祠門聯，有「系出南陽，……派流錦水……」之句，乃再向長者垂詢，始確知流經錦田平原北部，東西橫貫之小河，即為錦水也。此河乃集桂角山南、大刀屻西南諸溪，及上村河之水，匯注而成。流域經上輋、下輋、橫台山、大江埔、便母橋、水頭，於高埔村北，與錦田河匯。」

蕉林坑　蕉園坑　橫瀝　上輋坑

蕉林坑導源於蕉林山下，澗道東南向，下合徑仔瀝，至徑仔坳口。坑谷中多芭蕉，故名。

蕉園坑出蕉園頂之西側，東南流向，至中游處，橫瀝自西方來匯，至蕉園坑口，合上輋坑。出谷後，經上輋、下輋，匯入錦水。橫瀝與上輋坑，俱出水淋坑頂南坡，前者位下岃之東，後者在下岃尾之東。

橫跨錦水之便母橋原貌。

水淋坑　大面瀝　七星水

水淋坑發源於龍潭山南，位上岃頂之西側，澗道頗長，乃一深谷，上源稱坑尾，過陡嵴下岃之西，是為下游，於水口出谷，經下輋村西，再南向注入錦水。此澗水源甚豐，昔日上輋、下輋諸村，飲食灌田皆賴之。今自水口開渠西南向，繞桂角山麓，截大面瀝、過白石墩，引水注七星東坑，再入七星水。

大面瀝甚短，僅一澗溪，出大面嶺腳，經麒麟山、白石墩東側，下接引水渠，西南與七星東坑合。

七星水在七星岡之東，出大面嶺腳西側，上源有三，即七星東坑、七星西坑、東心瀝是也。七星東坑出

【大面嶺及麒麟山一帶對景圖】

大面嶺口，七星西坑出七星坳，東心瀝出七星徑頂之下，三者合流，是為七星水，經七星岡村南，注入錦水。

桂角坑　來龍坑

桂角坑位大面嶺與來龍嶺峽谷間，是處土名仙女拋梳，上源支流甚多，散佈壑中如葉脈，出谷後成一大溪，為桂角水，經大江埔、長岡之東，入於錦水，其合流處，稱桂角水口。舊謂此澗有泉瀑之勝，即桂角瀑布所在云。【註】桂角坑有支流名下托坑，出下托之南端，故名。澗道位減龍山之東，夾坑排之西，南流出谷後，注入桂角坑。

來龍坑在來龍山與減龍山之間，源出下托之南，過減龍尾，出谷經大明湖，於大江埔西南，注入錦水。

【註】 桂角瀑，一說謂應在此溪內；一說謂非在此處，或深藏於水淋坑中。兩者未知孰是？待考。

東坑　西坑

東坑出二托之西側，西南流經東坑嶺，轉趨西向，至埔水頭而漸寬，是為沙埔河，過北圍村，入錦田平原，流域蜿蜒於水尾村與逢吉鄉間，再歷沙埔村南，於沙埔水口與錦田河匯。【註二】

西坑出桂角石嶺西南，其東源名石峒坑，出桂角石嶺之下，故名。相合後趨西南，經西坑嶺東側，至埔水頭匯沙埔河。西坑又

【東坑、西坑對景圖】

西，有三丫瀝，或作三叉瀝，小溪凡三，出石牛皮下，其上源總稱三丫瀝尾，西南走向，合而為一，於埔水頭注入沙埔河。【註二】

【註一】此條錄自拙著《香港輿地山川志備攷》卷十四《河溪・水庫》〔**東坑**〕條。

【註二】此條錄自拙著《香港輿地山川志備攷》卷十四《河溪・水庫》〔**西坑**〕條。

桂角山陰諸澗

桂角山陰分導諸澗，除龍潭水入蕉徑外，餘者有深坑瀝、大排瀝、點石坑、大坑瀝、竹篙坑、長坑、企坑等，俱下注牛潭尾谷中。茲為分述如下：

龍潭水

龍潭水出龍潭山北，導源於龍潭孖之下，山以澗得名，其水即古籍所載之『龍潭』。【註】上源澗道狹隘，兩側陡壁，中開一線，至麓而坡始緩。下流於龍潭廟東，合坳瀝（小龍潭水）東向，入蕉徑平原，經彭屋之西，再折而北，在長瀝村東，匯於淡水坑。

【註】見《嘉慶新安志》卷四《山水略》。又龍潭水與小龍潭水，參閱以下《牛潭山志》（**牛潭山諸溪**）所載。

深坑瀝　大排瀝　案臺坑　點石坑

深坑瀝在深坑岃之西側，其東一山，以之得名，稱深坑瀝頂，上接過背徑【註一】。其水北流，經案臺嶺下，於龜地之西，合大排瀝，是為牛潭尾東坑。【註二】案臺嶺西側，亦出一小溪，為案臺坑，入於坑尾凸，水量不多。

大排瀝位礦山與點石嶺峽谷中，北向注入牛潭尾東坑。此水導源於大嶺背與上大排之間，其上正對羅天頂。點石坑在點石嶺與下大排之間，乃一小溝，前已述之。

【註一】參閱本編〔**桂角山北坡**〕所載。

【註二】參閱以下《牛潭山志》〔**龍潭坳**〕條。

大坑瀝

大坑瀝源出大羅天西北，澗道在上大排與竹篙龍之間，下流過竹篙尾、三星岡東側，經隔坑，至石鼓壟北，於大坑口注入牛潭尾東坑。

竹篙坑

竹篙坑出大羅天西側竹蒿龍頂之下，西北流注入長坑中。澗道甚短，以其近竹篙龍之西麓，因以為名焉。

長坑

長坑起於桂角石嶺北長坑頂之下，上游稱長坑尾，西北向納竹篙坑，經上陂頭、下陂頭，越蕉園水口，入牛潭尾，是為南坑，復西北趨，過大坪，於南坑口與牛潭尾東坑匯。斯乃諸澗中流域之最長者，故有是稱。

【自雞公頭東望桂角山一帶對景圖】

企坑

企坑位石牛皮之北，其東陡嵴，名企坑山，山以溪得名。澗道蜿蜒，於企坑水口注入雞尾坑。【註】

【註】 參閱《雞公山志》〈雞公山陰諸溪〉〈**雞尾坑**〉條，參見頁一四七。

【第二部】

雞公山志

何乃文署

雞公山志

《清一統志》所云之『小挂』，即桂角山之西峰。錦田鄉稱作雞公山，或曰金雞嶺，土人謂仰望如金雞獨立之勢，故以為名焉。又謂此山肖雄雞之首，其東為雞頸，與桂角山相接。雞頸之北為雞尾，雞公頭之西為雞嘴，又西北則為雞爪，山坡皆向北傾斜，下達牛潭尾平原。雞公山南坡，雞頸之下，自東而西，山麓一帶，盡入平疇，乃錦田　北圍村以迄逢吉鄉　佛凹背所在。茲為分述之如次：

雞公山地誌

雞公山南坡

雞公頭

主峰雞公頭，海拔三七四米【註】，巔有三角制高點。其東遞降為雞頸，乃一山口，高約三一〇米，越此而東，即入桂角山區矣。雞公山南坡自雞頸起，其南為雞頸排，循嵴下坡，抵山麓，有普光寺，屬北圍村範疇。寺背山坡對上，近雞頭處，有牛王石，乃錦田父老祈祀時請神之所。

【註】此據《香港地圖》HM20C (1:20,000) 第二幅。《香港地圖》GSGS3868 (1:20,000) 第十幅標高為三六三米，《香港地圖》GSGS L882 (1:25,000) 第六幅為一二一五呎，約相當三七〇米，《香港地圖》GSGS L884 (1:10,000) 分幅 6B 無標高，《廣東地圖》GSGS4691 (1:50,000) 分幅 P10 SW 為三七一米，《英國海圖》(BAHO Chart) 九三九 (1:50,000) 及《英國海圖》六九六〇 (1:50,000) 均為三六三米。

頭排　圓墩仔　龜地

主峰雞公頭之下，出一嵴，為雞頭排，土名或簡稱『頭

【雞公山至桂角石嶺對景圖】

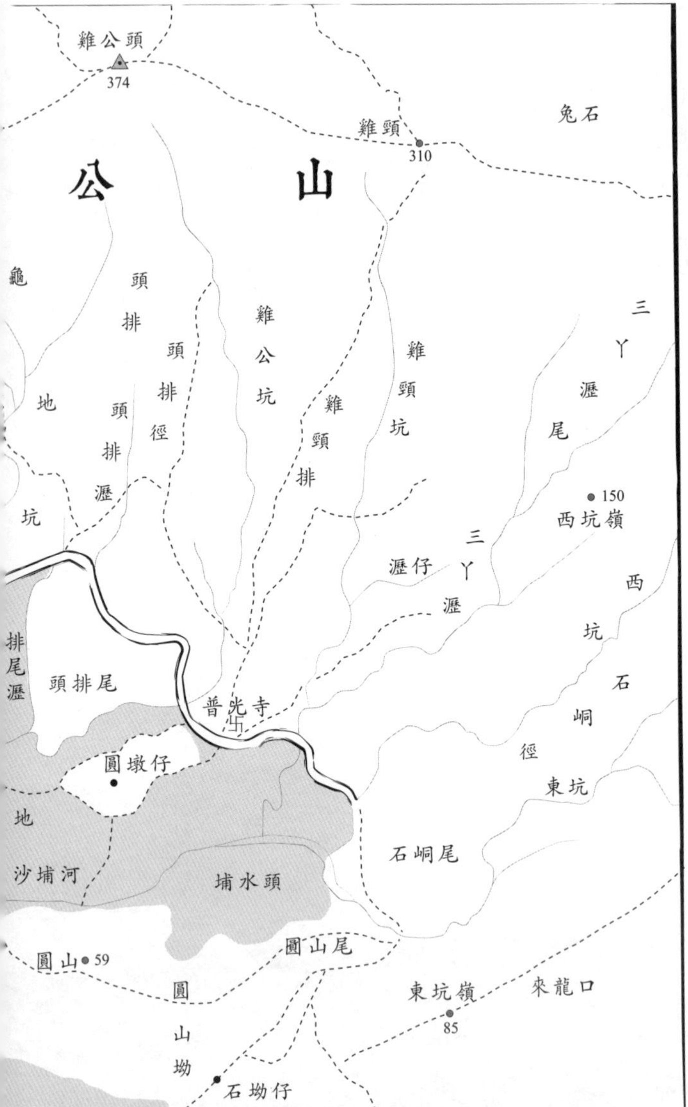
雞公頭
374
雞頸
310
兔石
公
山
龜
頭排
頭排徑
雞公坑
雞頸坑
雞頸排
三丫瀝尾
150
西坑嶺
地
頭排瀝
坑
瀝仔
三丫瀝
西坑石峒徑
東坑
排尾瀝
頭排尾
普光寺
圓墩仔
地
沙埔河
埔水頭
石峒尾
圓山 59
圓山尾
圓山坳
東坑嶺
85
來龍口
石坳仔

【雞公山南坡地名詳圖】

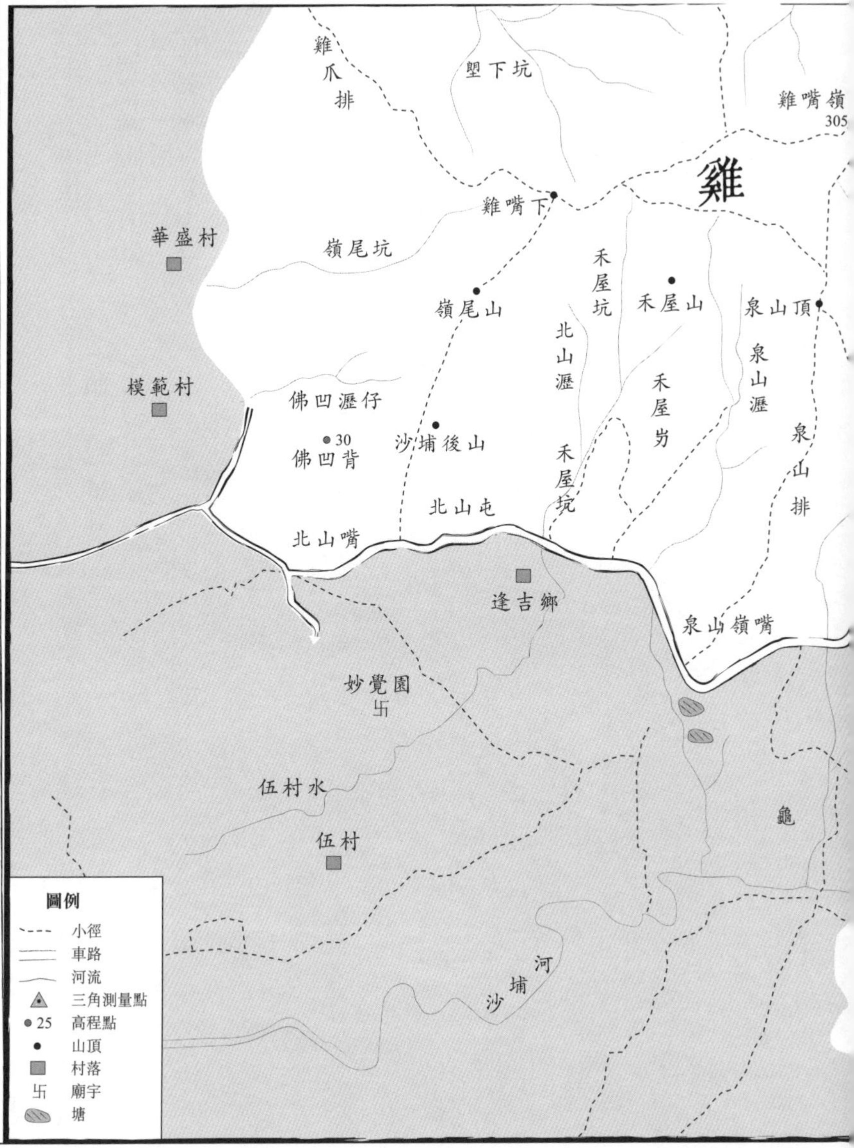

雞爪排
塱下坑
雞嘴嶺
305
雞
雞嘴下
華盛村
嶺尾坑
禾屋坑
禾屋山
泉山頂
嶺尾山
北山瀝
泉山瀝
模範村
禾屋岃
佛凹瀝仔
泉山排
30
佛凹背
沙埔後山
禾屋坑
北山屯
北山嘴
逢吉鄉
泉山嶺嘴
妙覺園
伍村水
伍村
龜
沙埔河
圖例
小徑
車路
河流
三角測量點
25 高程點
山頂
村落
廟宇
塘

排』，其下段呼頭排尾，南臨雞公坑，隔溪與圓墩仔相望。【註】頭排東側另有小嵴稱頭排徑，位雞公坑之西側。

圓墩仔西側一帶，土名通稱龜地，一溪灌注其間者，因稱龜地坑。圓墩仔乃龜首也。其東側山畔，有鄧英光塚，碣書「地形龜眼」，可證也。

【頭排對景圖】

【註】雞公山陽一坵為圓墩仔，山陰一坵為圓墩，兩者迥異，不可混而為一也。

雞嘴嶺　泉山排
圭角泉　禾屋岃

雞公山主峰之西，稍降為副峰雞嘴，或稱雞嘴嶺，高約三〇五米【註一】，南曳兩嵴，東曰泉山排，西曰禾屋岃。泉山排自雞嘴嶺山梁起，先降至泉山頂，再接者即為泉山排，下迄嶺嘴而盡，故是處亦稱泉山嶺嘴，其麓即圭角泉所在處。圭角泉，載於邑志，《康熙新安縣志》卷三《地理志・井泉》云：「桂

【泉山排、禾屋岃對景圖】

角泉在桂角山下，泉水甘美。」圭角泉對上之雞公山，《清一統志》稱為『小挂』，而『挂角』即『圭角』、『桂角』，已見前述，故此水乃稱圭角泉，或曰桂角泉，相沿至今弗替焉。【註二】

泉山排較長，其下段狀若麒麟，有『麒麟下山』之稱。禾屋峁較短，其頂為禾屋山，上接雞嘴下。此嵴位泉山瀝之西，禾屋坑之東，下達巫園，至平疇處，土名禾屋田。

【註一】 此山諸圖無標高，據《香港地圖》GSGS L884 (1:10,000) 分幅 6B，其高約為一〇〇〇餘呎，約相當三〇五米左右。

【註二】 拙著《香江方輿稽原略》卷八〔**鼇頭石與圭角泉**〕條云：「……〔圭角泉〕位於水尾村之北，在泉山排之下，土名泉山嶺嘴處，乃一泉眼，活水自下滲出。……今鄉人於其處築池，豢魚其中，蓼藻豐茂，水亦澄澈，蔚然成景。泉畔有村屋一所，趨而訪諸居停，則謂昔者活泉可食，雖旱季有時或歇，然終無枯涸之虞。今鄉間多用自來水，僅留此以供觀賞，亦乃妥善保存古蹟之一法云。」

雞嘴下　嶺尾山　佛凹嶺　北山屯

雞嘴嶺又西，再低處尚有一峰，為雞嘴下，一嶠西南向，為嶺尾山，其下小坵為佛凹嶺，降至佛凹背而脈盡。佛凹背乃小山口，有測量基準點（bench mark），高約三〇米，【註一】越之西降，即為華盛村。嶺尾山之南坡，通稱沙埔後山，其麓一帶，則稱北山屯，地名遠自清季中葉，已沿用至今。附近林中有清塚，墓主為沙埔 伍氏昆仲三人，建於道光十七年丁酉（公元一八三七年），碑誌土名，即為北山屯。

距該墳之西不遠，山畔另有義塚，隱於叢薄中，荒林野蔓蔽之，察覺匪易。墓誌正中，擘窠大楷，書『義塚』兩字，小字半已漫漶，前為「中華民國弍拾弍年春季」，下署「沈鎮南堂立」，乃逢吉鄉 沈鴻英所捐建，時維公元一九三三年。【註二】是知該塚之築，較其南妙覺園義塚猶早一年。又因沈氏當年，曾榮膺元朗博愛醫院主席，可見設義塚於逢吉鄉，乃屬慈善事業，與妙覺園義塚收葬抗英陣亡烈士遺骸者，其性質實迥然不同也。義塚西側不遠處，有徑可陟雞公山，登臨者每多取道於此。【註三】——以上所述，皆雞公山陽地貌之概略也。

【註一】據《香港地圖》GSGS L884 (1:10,000) 分幅6B，山口處標高為九十八呎，約相當三〇米。

【註二】沈鴻英（公元一八七〇——一九三八），字冠南，清末民初廣西雒容縣人，舊桂系將領。民國初年，曾任第三軍司令。民國十二年（公元一九二三年）任桂軍總司令。又二年（公元一九二五年）新桂系崛起，沈軍敗績，鴻英被逐出廣西，逃匿香江，解甲歸田，乃向錦田鄧族購地，興築家園，建『上將府』及沈氏家祠，顏曰『鎮南堂』，遂定居焉，因易名其地為逢吉鄉，喻逢凶化吉之意。年六十九卒。

【註三】登臨雞公山，舊日均以華盛村為起點，今則改由此處，經嶺尾山、雞嘴嶺，上達雞公山絕頂。

【雞公山北坡地名詳圖】

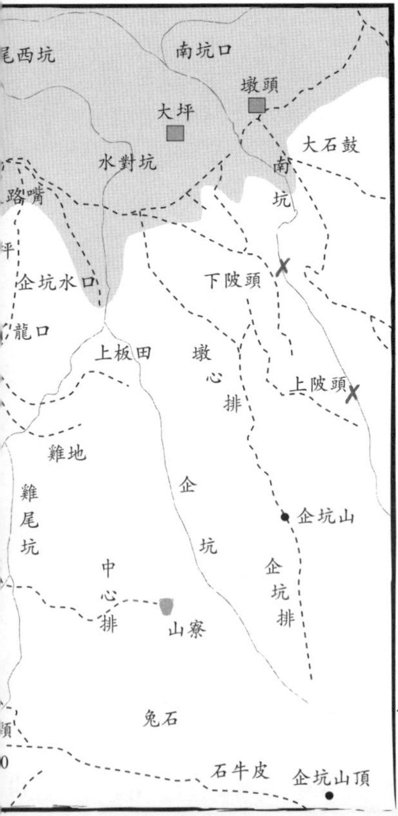

雞公山北坡

雞公排　圓墩　三丫龍

主峰雞公頭之北，出一嵴為雞公排，下接小頂為圓墩，高約一五〇米，【註】再降，與三丫龍會於圓墩下。三丫龍又降為掌牛坪，脈至大路嘴，入於平疇。

【註】據《香港地圖》GSGS L882 (1:25,000) 第六幅，圓墩在等高線五〇〇呎上，約相當一五〇米。

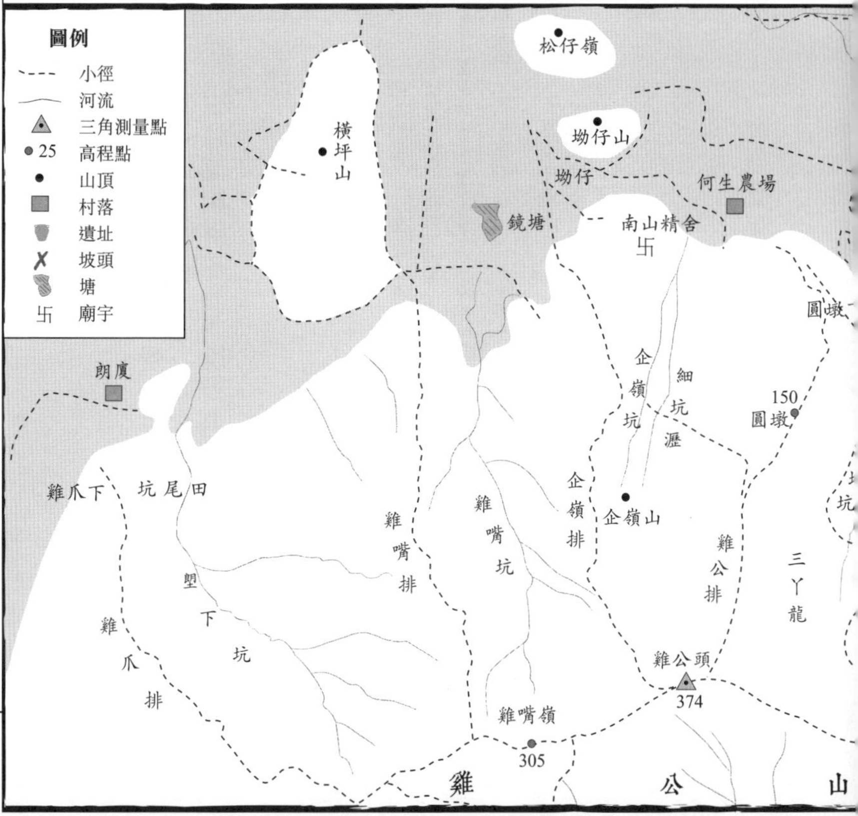

企嶺排　坳仔山　松仔嶺

雞公頭偏西北一嵴為企嶺排，下接企嶺山，再降為企嶺下，過小坵為坳仔山，上有南山精舍。【註一】下為坳仔，與其北之松仔嶺隔壠相望，【註二】坳仔山與松仔嶺均高，約為三十餘米。雞公山北麓乃大山谷，為牛潭尾所在處。

【註一】拙著《香江方輿稽原略》卷七〔**南山精舍**〕條云：「南山精舍在牛潭尾南區，土名坳仔山，入口建石坊，額書『道德之門』，辛亥孟冬朱榮亭題，旁聯云：道天能容，包羅萬象；德高惟愛，利濟羣生。內進為山門，另有『南山精舍』牌坊，正背均有額書，陽文，前者黃底黑字，後者紅底灰字，皆無欵識年月，正面一聯云：南海播靈音，天人共慶；山川鍾秀色，松柏延齡。……（下略）」

【註二】此與桂角山東北之松仔嶺為同名異地，切莫相混也。參閱《桂角山志》〔**松仔嶺**〕條。

雞尾排　中心排

雞頸山陰一帶，統稱雞尾。【註】雞頸下出一嵴為雞尾排，北向盡於雞尾坑與雞地坑合流處。雞尾排中段有橫徑，東通山寮，西經三丫龍徑，下接三丫龍口。雞頸之北，雞尾排之東側，別出一嶺，名中心排，以其位於桂角、雞公之間，中分兩山為界，故以為名。中心排之麓有上板田，一溪灌溉其間，名雞尾坑。

【註】鄉人總呼北坡一帶為『雞尾』，然尚有個別地點如雞地、中心排等，則仍保留先輩所擬之土名。

雞嘴排　橫坪山

雞公山副峰雞嘴嶺，背引一嶺為雞嘴排，東與企嶺排隔雞嘴坑相望。此嶺形勢甚雄，盤紆而降，及麓，再起長坵，為橫坪山，高約五十餘米，其山橫陳，成南北向，長林豐草，望之蔚然。西麓福興里、下竹園村人，視之為錦屏一疊，拱護於前，因擬之為『橫屏山』云。

雞爪排

雞嘴嶺之西，山勢遞降，至雞嘴下，前曳一嵴，土名雞爪排，朝北偏西以降，至雞爪下入於平疇，雞公山脈盡於此矣。【註】

以上所述，皆雞公山陰地貌之概略也。

【註】其盡處位於朗廈村南陳氏墓園處。

雞公山陽諸溪

雞公山南坡，東起雞頸，西迄嶺尾山，溪澗分導其間者，有雞頸坑、雞公坑、頭排瀝、排尾瀝、龜地坑、泉山瀝、禾屋坑、佛

【自雞頸南眺來龍山至圓山一帶對景圖】

凹瀝仔、嶺尾坑等處。

雞頸坑

雞頸坑導源於雞頸之下，位雞頸排之東側，南合瀝仔及三丫瀝水，於埔水頭附近注入沙埔河。

雞公坑

雞公坑出主峰雞公頭下，位雞頸排與頭排徑之間，出谷後折而西向，過圓墩仔、頭排尾，納頭排瀝、排尾瀝二溪，匯入龜地坑。

龜地坑

龜地在圓墩仔之西，龜地坑流經於此，溪以之得名。【註】龜地坑有二源，東源出雞公山主峰下，西源在雞嘴嶺東側，合流於頭排與泉山排間，出谷南流，至龜地，東納雞公坑水，再南流入沙埔河。

【註】另有龜地、龜地坑，在龍潭坳西麓，與此同名而異地。

泉山瀝

泉山瀝在泉山排之西，源出雞嘴嶺，南流經嶺嘴，過圭角泉西側，入於田隴，再南向注於沙埔河。坑肚灌叢中，有奇石

獅頭石近貌。

矗立如首，彷彿有雙目，其頂尖峭，呈三角形，遙望甚顯著，疑為『鼇頭石』，及詢之故老，則咸呼作『獅頭石』云。【註】

【註】此石自水尾村天后宮前廣場，朝逢吉鄉方向遙望，尤清晰可見，雖遠至沙埔村一帶亦然，頗疑其乃傳聞中所稱之『鼇頭石』。然則昔日之力瀛書院，其故址所在，亦當座落於此附近地區也。拙著《香江方輿稽原略》卷八「鼇頭石與圭角泉」條云：「北宋　鄧符協刱力瀛書室，……開村校之先河。……鄉諺有云：『獨占鰲頭圭角巒，飲水尋源圭角泉』，鰲頭者即『鼇頭石』也。嘗詢諸先輩，則謂此石當在昔日力瀛書院山上，乃在雞公山坡中，或在圭角泉對上處。第以書院已圮於清之中葉，當時僅餘殘基，載於邑志。……近世遺蹟亦蕩然無存，是故難於尋覓也。曩者嘗登雞嘴嶺，徘徊於泉山排與禾屋岃之間，遍索之於榛莽中，初無所得焉，後偶覩坑肚中一石，頂尖而下呈三角形，彷彿有雙睛如醒獅者，矗立於矮林之上，遠眺甚矚目，斯奇石也，豈非所謂『鼇頭石』歟？急下山詢之蒭蕘，則以『獅頭石』對，余聞而頗感意外。竊嘗思其故，此或因時移世易，草莽之夫另喚以別名，而其原稱反堙沒無傳，是亦理所當然者矣。……（下略）」

【泉山頂對景圖，獅頭石隱約可見】

禾屋坑　北山瀝

禾屋坑出雞嘴嶺之西端，南流納北山瀝，此小溪乃禾屋坑支流，出嶺尾山東側，以靠近北山屯而得名。兩者相合，南向出谷，經禾屋田，入逢吉鄉，再西南向，是為伍村水，過沙埔村北，沒於水田中。

嶺尾坑

嶺尾坑，【註】出嶺尾山與雞爪排之間，西流入華盛村，水量不多。其南另有佛凹瀝仔，出嶺尾山西坡，位佛凹嶺北側，冬令乾出。

【註】 與《麒麟山志》〔嶺尾坑〕為同名異地。

雞公山陰諸溪

雞公山北坡，東起雞頸，西迄雞爪排，溪澗分導其間者，有雞尾坑、雞地坑、企嶺坑、細坑瀝、雞嘴坑、雞爪坑等處，其中以雞尾坑、企嶺坑兩者為最大。

雞尾坑

雞尾坑導源於雞公山　雞頸之北，位中心排與雞尾排之間，下流經雞地，納雞地坑，過上板田東北，接企坑於企坑水口，【註】再合而北流，是為水對坑，入牛潭尾，是為牛潭尾西坑，復西北趨，於西坑口與牛潭尾東坑合，又西北流，入於平陽，水道漸寬，是為牛潭尾河。

【註】　參閱本編〔**桂角山陰諸澗**〕〔**企坑**〕條。

雞地坑

雞地坑在雞公排與雞尾排之間，以其流經雞地，故名。雞地乃一小隖，當雞尾排之下端，雞地坑與雞尾坑合流於此。

企嶺坑　細坑瀝

企嶺坑與細坑瀝在企嶺排之東，雞公排之西，谷中兩溪相竝，俱導源於企嶺山中。企嶺坑一稱企瀝，納細坑瀝後東北流，過掌牛坪西，經魚塘壆，至企嶺坑口，匯入牛潭尾西坑。

雞嘴坑　鏡塘　雞爪坑

雞嘴坑在雞嘴排之東，企嶺排之西，源出雞嘴嶺北，故名。北流出谷，至牛潭尾南區，入於鏡塘。雞嘴坑水量，本不豐盈，冬令尤涸，故入鏡塘後，其下游水道亦不顯也。

鏡塘原在阡陌中，【註一】雞嘴坑水匯瀦於此，其平如鑑，因以為名。今其地棄耕多時，塘業已填平，且寮屋密佈，遺跡難覓矣。稽諸舊圖，得悉七〇年代，猶見此塘之存，今則踪跡杳然者久矣。【註二】

雞爪坑一稱塱下坑，【註三】在雞嘴排之西，雞爪排之東，其源出於雞嘴下，溪峽寬敞，澗道甚短，出谷後經坑尾田，過塱下山東側，折而西向，注於新圍。

【註一】鏡塘舊址，在今牛潭尾南區　西華路附近，該處昔為田野。

【註二】鏡塘見《香港地圖》GSGS L882 (1:25,000) 第六幅，該圖出版於公元一九七〇年，以後刊行之《香港地圖》

HM20C 系列，均未見繪入。

【註三】此溪流經塱下村，故名，塱下今書作『朗廈』。

雞公山餘緒

要之，雞公山北麓，現已大事開闢，興修水利工程，或作堆填之區，或作挖泥之域，山川變易，地貌已非，本文所述，異日而後，亦當成歷史陳迹矣！至於前述之打鼓山、覆船岡諸地（參閱頁八一），俱與錦田流傳之金雞嶺異聞有關，前已及之，現因與本文無涉，故亦略而不談，留待掌故家述之可也。

又雞公山南麓，舊有錦田鄧族抗英義士塚。事緣遜清光緒二十四年（公元一八九八年），清廷與英吉利，簽訂《展拓香港界址專條》，翌年，英軍來接管新界，原居民乃以吉慶圍為據點，奮起反抗，然以血肉之身，終不敵堅利槍礮，守土之壯志未酬，而義士捐軀者眾，是役也，史稱之為『六日戰役』（The Six-Day War of 1899）。【註一】事後族人乃收其遺骸，瘞於雞公山下，復於民國二十三年（公元一九三四年），遷葬於逢吉鄉，並構築義塚，俗稱『白骨墳』，猶恐遭港英政府干預，再歷二年，乃建佛堂，顏曰妙覺園，以作掩護，故其址甚隱蔽，令外人難以察覺，余於拙著《香江方輿稽原略》中亦嘗紀之。【註二】

【註一】近人夏思義（Patrick H. Hase）著《一八九九年之六日戰事》（The Six-Day War of 1899）一書已詳載之，二〇一四年一月由香港大學出版社刊行，可參閱。

【註二】拙著《香江方輿稽原略》卷八〔**逢吉鄉古蹟**〕條云：「妙覺園以義塚著名。義塚之後，圍以羅圈，墓碑為平板式，橫列於前，上鐫『萬』字圖案，中立義塚碑刻，旁繫以聯云：『早達三摩地，高超六欲天』，石碣兩翼，橫題為『西方極樂』四字。」

【第三部】

牛潭山志

陳卓署

牛潭山志

龍潭坳・廟徑・小龍潭

自龍潭山循過背徑北降，下接山口，為龍潭坳，過脈即為牛潭山。龍潭坳一稱牛潭坳，以其北為牛潭山，西為牛潭尾，故有是名焉。山口高約一五〇米，乃蕉徑通牛潭尾要道，其東段舊稱『廟徑』。

大蕉林　菝樹塱

循廟徑而下，右方出一溪，稱坳瀝，乃小龍潭水之上源，北面乃大牛潭山坡，在主

峰之下，號曰崩山，【註一】中藏幽谷，各導一溪，上曰蕉林瀝，下曰菝樹坑，內有耕隴，前為大蕉林，後為菝樹塱，久已荒置，闃然無人。大蕉林芭苴已萎，獨餘菝樹塱，尚多番石榴，【註二】乃昔時村農所植，後野生蕃衍，寖而成林，每屆夏日，果熟飄香，行旅過此，擷而啖之，方知盡屬佳品，即俗呼『胭脂紅』是也。再降，抵山麓，龍潭水月宮在焉【註三】。廟後兩溪，一為廟背瀝，一為廟背瀝仔，連上述諸溪與坳瀝，合流成小龍潭水，於廟東約二〇〇米處，與龍潭水匯。

自蕉徑仰望牛潭山

【註一】該處自遠眺之，山體略呈凹陷狀，土人呼為『崩山』，下連山頭頸。所謂『崩山』者，泥土並非塌卸，其實乃由錯覺形成耳。

【註二】番石榴（Guava），學名 Psidium guajava Linn，嶺南農村常見食用水果，俗呼番稔，或若雞矢果，客家通稱為菝仔，常見用於地名，而『胭脂紅』乃其中品種之一。其樹皮、葉及根皆可入藥，見莊兆祥《增訂嶺南采藥錄》卷上第九十八。

【註三】龍潭水月宮，或稱龍潭廟，參閱《桂角山志》〈**蘢潭、牛潭與龍潭之關係**〉所載。拙著《香江方輿稽原略》卷五〈**蕉徑龍潭古廟**〉條云：「……此廟向屬粉嶺 龍躍頭 鄧氏物業，三百餘年前，由蕉徑六村合力興建。……廟為硬山頂兩進式結構，擋中入內為一進，無庭院，僅以過廳相連接，是為二進，即正殿所在，上奉觀音大士。山門……聯云：『聖澤覃敷永岍蕉徑；慈航普渡顯跡龍潭。』『萃傑人才，郡馬名垂扶庇祐；雲臺首將，密侯錦繡顯神靈。』梁子貞撰，陸湛園書。……廟背茂林，雜樹交纏，中有巨樟，虬幹蟠曲，去根千丈，為廟之蔭。聞司祝言：樹齡已逾百載，傳乃剏廟時所植云。……（下略）」

案臺嶺　狗牙石頂　龜地

龍潭坳西側為案臺嶺【註一】，山形如几桌橫陳，其前有近代張經達墓，公元一九七二年壬子立，形家即以之為案，並取相關之義，喝形曰『包公審案』云。登臨縱目，可矚及後海、蛇口、大南山等處，前者為尖鼻嘴、黃瓜嶺，又前為元朗、丫髻山，又前為平疇，乃壆圍、竹園、牛潭尾所屬。墓左遠山蒼茫，橫亙天際，排列成行，甚具氣勢。墓對上，岡頂有尖石數堆，稱『狗牙石』，其山即狗牙石頂，再上為深坑瀝頂【註二】，當過背徑之下，循之而登，可直薄大羅天。墓後右方稍上，即為龍潭坳。案臺嶺麓為龜地【註三】，有小溪為坑尾𡿨，乃牛潭尾東坑之上源，至此已入牛潭尾東區矣。

【註一】案臺嶺，參閱《桂角山志》〈**桂角山北坡**〉所載。

【註二】深坑瀝頂，參閱《桂角山志》〈**桂角山北坡**〉所載。

【註三】龜地，參閱《桂角山志》〈**桂角山北坡**〉所載。

龍潭水月宮，背枕大牛潭山。

牛潭山地誌

牛潭山別名蕉徑山，或稱過背山，在新田之南，牛潭尾之北，其脈發自桂角山，經過背徑，越龍潭坳而來。山脈東西橫陳，自大牛潭山以迄紅花嶺，延綿達四公里許，屬粉嶺西南坵陵地之西半部，其東半部乃位於大刀屻以北。粉嶺西南坵陵地，英名『南坵陵地』（South Downs），其名已載入公元一九六〇年香港政府編集之《香港九龍新界地名志》（*A Gazetteer of Place Names in Hong Kong, Kowloon & The New Territories*）及陶吉亞編纂之《港九地名志》（*Hong Kong Gazetteer*）中。【註】

【註】 ◎堃案：『南坵陵地』（South Downs）一名，已載《香港九龍新界地名志》頁二一〇，其方格網為KV0489；亦見於《港九地名志》頁五八，其方格網為450220。地圖方面，可參閱《香港地圖》GSGS3868 (1:20,000) 第十幅、GSGS L8811 (1:25,000) 第十幅、《香港地圖》GSGS L884(1:10,000) 分幅1D、《香港地圖》GSGS L681 (1:100,000) 第一幅等。此外，尚有河上鄉北坵陵地，位於深圳河以南，勒馬洲至河上鄉以北一帶。河上鄉北坵陵地，英名『北坵陵地』（North Downs），其名載《香港九龍新界地名志》頁二〇六，方格網為KV0093；亦見於《港九地名志》頁四四，方格網為458262。『北坵陵地』一名，同見於上述各輿圖中。所謂『南北坵陵地』者，其地名來源，乃採自英國本土，原是位於英國東南部之兩處白堊坵陵地。此兩坵

【牛潭山東坡地名詳圖】

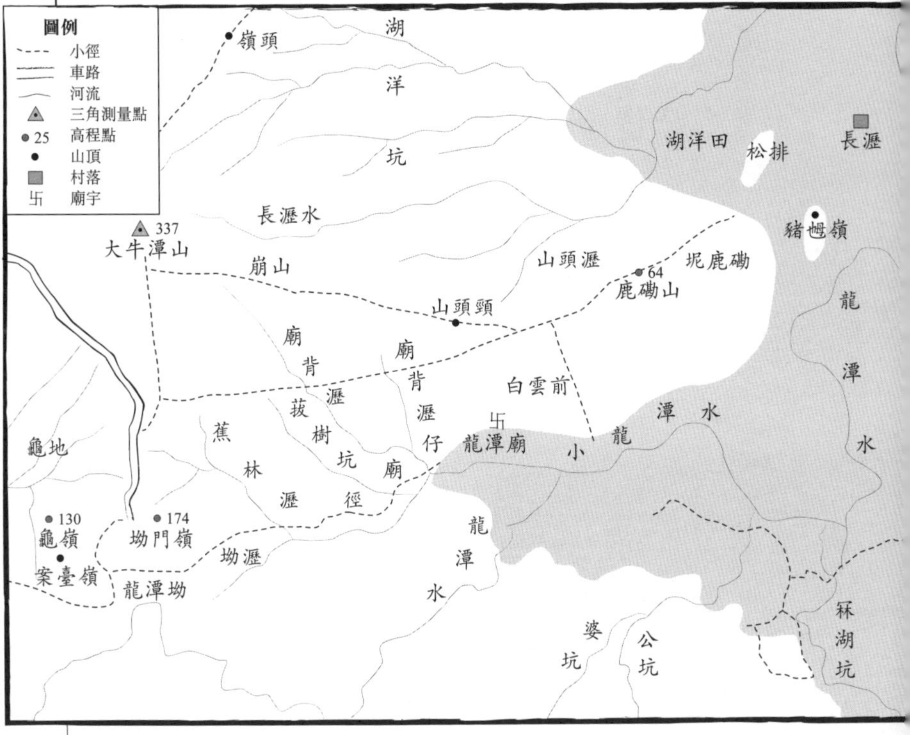

圖例
小徑
車路
河流
三角測量點
25 高程點
山頂
村落
廟宇
嶺頭
湖洋坑
長瀝水
337
大牛潭山
崩山
山頭頸
廟背瀝
廟背瀝仔
茇樹坑
蕉林瀝
坑
廟
徑
白雲前
龍潭廟
小龍潭水
山頭瀝
64
鹿磡山
坭鹿磡
湖洋田
松排
長瀝
豬仔嶺
龍潭水
龜地
130
龜嶺
174
坳門嶺
案臺嶺
坳瀝
龍潭坳
龍潭水
婆坑
公坑
冧湖坑

陵地帶為平行走向，並形成露出地面之白堊圓頂岩層（dome-shaped chalk outcrops）。

『南坵陵地』（The South Downs）位於英國漢普郡（Hampshire）與蘇塞克斯郡（Sussex）之間，自溫徹斯特城（Winchester）起，延伸至伊斯特本（Eastbourne），長凡一四〇公里（八十七哩），面積六七〇平方公里（二六〇平方哩）。該處有連綿羣山、原始林地與海岸景觀，包括比奇角（Beachy Head），英國最高之白堊巖懸崖；『魔鬼崖』（Devil's Dyke），英國最長、最深、最寬之旱谷；以及『七姊妹崖』（The chalk cliffs of the Seven Sisters），矗立於海岸邊之七座壯麗白崖等。

『北坵陵地』（The North Downs）者，亦乃英國東南部之白堊山脈，自薩里郡（Surrey）之法納姆（Farnham）伸延至肯特郡（Kent）之多佛（Dover），號稱『白崖』（White Cliffs），長凡一九〇公里（一一〇哩）。

香港自英佔後，乃借用其名，置於新界之北部，惟於應用上則不甚通行耳。

【大牛潭山對景圖】

大牛潭山　小牛潭山

坳門嶺　龜嶺

自龍潭坳始，北向首起者為坳門嶺，高一七四米【註一】，上建營盤電視轉播站。西麓為龜地，南枕一坵為龜嶺，高約一三○米。坳門嶺之北起主峰，為大牛潭山，海拔三三七米【註二】，四周陡峻，頂寬如臺，登臨暢眺，景觀佳絕。草坡之上，建三角測點，英名『史諾頓峰』（Snowdon）【註三】，或誤譯作『冰山』，又或有以此為大羅天者，皆謬也，【註四】前文已明之矣。主峰之西，稍降為二嶺坳，前起副峰，即

為二嶺，高二九七米。【註五】二嶺之西，陡峭下引，過高坳，為小牛潭山，高一五二米。【註六】小牛潭山又西，越低坳，一坵兩頂相竝者，稱牛潭山尾，高約八十餘米，其西山口，即風門坳，高僅三十餘米，越之再起一山，是為紅花嶺，山脈至圍仔而盡。

此乃牛潭山脈之概略也。至於其山之周遭，地名頗多，茲為分述之如次：

【註一】坳門嶺之高程據《香港地圖》GSGS3868 (1:20,000) 第十幅、GSGS L8811 (1:25,000) 第十幅。又《廣東地圖》GSGS4691（1:50,000）分幅 P10 SW 同。

【註二】大牛潭山之高程據《香港地圖》HM20C 第二幅。又《香港地圖》GSGS3868 (1:20,000) 第十幅、GSGS L8811 (1:25,000) 第十幅、《廣東地圖》GSGS4691 (1:50,000) 分幅 P10 SW 及《英國海圖》六九六〇 (1:50,000) 等，標高均為三二九米。《香港地圖》GSGS L882 無數據。

【註三】大牛潭山之英名為史諾頓峰（Snowdon）。◎垤案：史諾頓峰，原乃英國 威爾斯（Wales）西北部之最高峰，亦為蘇格蘭高地（Scottish Highlands）南部之最高山岳，海拔一〇八五米。英人借用其名以作大牛潭山之專名。史諾頓（Snowdon）一名，載《香港九龍新界地名志》頁二〇四、《港九地名志》頁五八，又見於《香港地圖》GSGS3868 (1:20,000) 第十幅、《香港地圖》GSGS L8811 (1:25,000) 第十幅、《香港地圖》GSGS L882(1:25,000) 第一幅、《香港地圖》GSGS L884 (1:10,000) 分幅 1D、《廣東地圖》GSGS4691（1:50,000）分幅 P10 SW、《英國海圖》六九六〇（1:50,000）等。

【註四】如《港九地名志》頁五八，以史諾頓峰（Snowdon），錯譯作『冰山』，又以括號註出中名為『大羅天』，舛謬殊甚，誤導結果，貽誤至今，仍無匡正之者，更有妄人不顧公德，竟塗污公物，強以漆書此名於山巔三角測量柱者，實令人側目，尤不足取！

【註五】高程據《香港地圖》GSGS3868 第十幅、《香港地圖》GSGS L8811 第十幅。

【註六】據《香港地圖》HM20C 第二幅，其他諸圖均無標高。

崩山　山頭頸　鹿磡山

主峰大牛潭山東南，稍降為崩山，山脈東伸，再降為山頭頸，矮岡相連起伏，自西而東遞降，至末處，為鹿磡山，高六十四米，【註】當坭鹿磡之上，前與松排相對。

【註】鹿磡山在《香港地圖》HM20C (1:20,000) 第二幅中，其方格網為 KK014888，但無標高數據，亦無標名。今據《香港地圖》GSGS3868 (1:20,000) 第十幅（方格網為 476225），有高程數據，為六十四米，但無標名。又《廣東地圖》GSGS4691（1:50,000）分幅 P10 SW 同。山畔有清末宋廷敬與冼氏合墓，民國十六年（公元一九二七年）重修，碑誌土名「坭鹿磡」。

白雲前　坭鹿磡　松排

自大牛潭山東南之龍潭廟始，循徑繞山麓東北行，可達麒麟坳。廟之東側為白雲前，當山頭頸之下，寮舍散佈其間，雞犬之聲相聞。【註一】又東北為坭鹿磡，其東所對小坵，土名豬㹮嶺，【註二】高約三十餘米，在長瀝村南約四〇〇米處。又北有谷，為湖洋田，湖洋坑流注於此，乃長瀝水之上游。自棄耕後，溪水氾溢，沼澤泥濘，困擾行人。谷口南端，小岡伸出，橫陳壠上者，土名松排，高約三十餘米。又北越湖洋坑，過竹園山麓，與長瀝村隔水相望。又北偏西，有平嵴自湖洋山下伸，沒於田間者，土名蛇地，【註三】其上即『蛇頭石』所在處。越此再北行四〇〇米，即抵麒麟坳。

【註一】一九九八年一月十八日過此所見，因惡犬矗聚，繞道避之，循山畔荒徑直趨湖洋田。

【註二】本書《麒麟山志》〔**白石坳**〕條【註五】所述，有豬㹮嶺，與此為同名異地，宜明辨之。

【註三】山畔有清季文亨遇、黃氏合墓，碑誌土名「蛇地」，重修於一九七八年。

【牛潭山北坡地名詳圖】

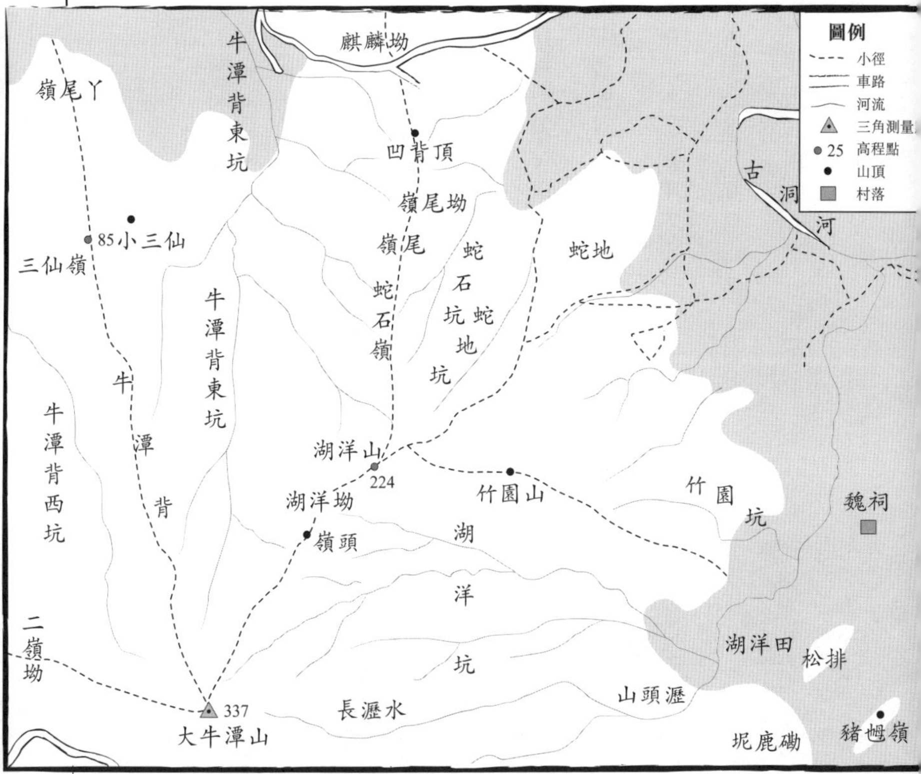
圖例
小徑
車路
河流
三角測量
25 高程點
山頂
村落
麒麟坳
牛潭背東坑
嶺尾丫
凹背頂
嶺尾坳
嶺尾
蛇石嶺
蛇石坑
蛇地坑
蛇地
古洞河
85
小三仙
三仙嶺
牛潭背東坑
牛潭背
牛潭背西坑
湖洋山
224
湖洋坳
嶺頭
竹園山
竹園坑
魏祠
湖洋坑
湖洋田
松排
二嶺坳
337
大牛潭山
長瀝水
山頭瀝
坭鹿磡
豬乸嶺

湖洋山　蛇石嶺　竹園山

東北一支，經嶺頭【註一】，過湖洋坳，起湖洋山，高二二四米【註二】，以其下臨湖洋田，故名。又因長瀝水導源於此，復與長瀝村相近，故又稱長瀝峒。其巔狹長如几，下有『牙婆石』。【註三】北向者為主嵴，山勢迭降，頑石多座，散佈其間，中有一石，酷似蟒首，土人呼為『蛇頭石』，因名蛇石嶺，山麓一帶，則稱蛇地。蛇石嶺上，茂樹成蔭，為湖洋山中最獨特之處。【註四】林中尚有『天狗石』，如巨犬仰天昂首；『鬬嘴石』，兩石頂尖相對，呈欲搏擊之狀，皆各蘊奇趣，粲然可觀。昔日自山下仰望，清晰可見，鄉人能指以相告；今以蛇石嶺上林木叢密，諸石皆為其所蔽，不可得而見矣。蛇石嶺

【湖洋山俯瞰長瀝一帶景觀】

之下為嶺尾，【註五】越嶺尾坳，經凹背頂，落麒麟坳，與麒麟山南端之黃嶺接脈。【註六】湖洋山東向下伸，尚有一嶒，其間起伏凡三者，【註七】為竹園山，高約一四〇米，昔日幽篁滿坡，因以得名焉。

蛇頭石近貌。

鬬嘴石近觀。

【註一】 嶺頭之方格網為 KK007893，見《香港地圖》HM20C (1:20,000) 第二幅。
【註二】 湖洋山之高程據《香港地圖》GSGS3868 (1:20,000) 第十幅（方格網為 468229）、GSGS L8811 (1:25,000) 第十幅，又《廣東地圖》GSGS4691（1:50,000）分幅 P10 SW 同。嘗登臨此山，見有淺人妄擬『小羅天』之名，並以漆書於測量柱上，彼自以為得意，不知反誤導遊人，復塗污公物，何其缺德之如是也！
【註三】 土人謂仰望常見有黑鷹飛臨其上，故以稱之。
【註四】 湖洋山牛山濯濯，僅蛇石嶺上林木叢蔚，遠望葱翠。
【註五】 此乃蛇石嶺尾。◎ 堃案：『嶺尾』，為通用地名，以下如本志附錄之〈紅花嶺〉及《麒麟山志》中，均出現有『嶺尾』之名，實乃同名異地，故宜明辨之，而莫使相混也。
【註六】 參閱以下《麒麟山志》。
【註七】 嵴間起伏處，土人呼為『托』，若細分之，此間又有上托、中托、下托之名。

牛潭背　三仙嶺　玉書嶺

大牛潭山之北，後曳狹嵴稱牛潭背，山勢陡峻，及麓，起一坵，三峰波曲相連者，土名三仙嶺，高者八十五米【註一】，有大三仙、小三仙之分，上承大牛潭山來龍，經牛潭背過脈，盡處歧為二支，土名嶺尾丫，偏東旁出者，亦有三圻，起伏跌宕者，則稱小三仙。餘勢跨田，另起小岡為玉書嶺，【註二】高約三十餘米，與麒麟山麓文氏『麟吐玉書』塚相望，嚮以之為其前案，故有是名焉，惟方位則略有偏差，且玉書嶺呈圓形，其外貌亦與『書』不類。

【註一】三仙嶺之高程，據《香港地圖》GSGS3868 (1:20,000) 第十幅、GSGS L8811 (1:25,000) 第十幅，又《廣東地圖》GSGS4691（1:50,000）分幅 P10 SW 同。

【註二】玉書嶺之方格網為 KK001902，其東北正對麒麟山大嶺之文氏『麟吐玉書』塚。

蛇石嶺尾眺望三仙嶺

【牛潭山西坡地名詳圖】

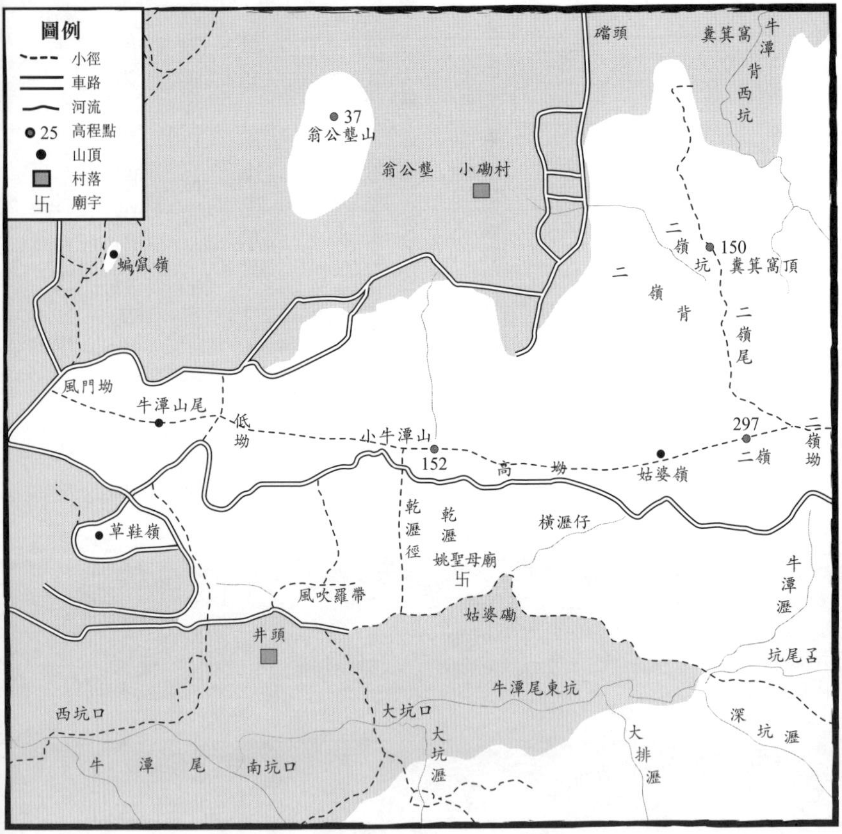
圖例
小徑
車路
河流
25 高程點
山頂
村落
廟宇
礌頭
糞箕窩
牛潭背西坑
37
翁公壟山
翁公壟
小磡村
蝙鼠嶺
二嶺坑
150
糞箕窩頂
二嶺背
二嶺尾
風門坳
牛潭山尾
低坳
小牛潭山
152
高坳
姑婆嶺
297
二嶺
二嶺坳
草鞋嶺
乾瀝徑
乾瀝
橫瀝仔
姚聖母廟
牛潭瀝
風吹羅帶
姑婆磡
井頭
坑尾叾
牛潭尾東坑
西坑口
大坑口
大坑瀝
大排瀝
深坑瀝
牛潭尾
南坑口

西坑嶺　二嶺尾　糞箕窩

副峰二嶺之北，有東西兩嵴，東為西坑嶺，西為二嶺尾。西坑嶺之東為牛潭背，中夾一溪為西坑。二嶺尾為二嶺下伸之餘勢，再降起一山，名糞箕窩頂，高約一五〇米，北麓有谷稱糞箕窩，與彭龍地接壤，山以之得名。二嶺尾之西偏北，另出短嵴為二嶺背，其西北麓有軍營，名『稼軒廬』（Cassino Camp），西側即小磡村所在。糞箕窩頂北降，沒於平疇，餘勢起嶺仔、礌頭、彭龍嶺諸坵，高僅二十餘米。

姑婆嶺　姑婆磡

二嶺之西南，一嵴下伸，為姑婆嶺，餘勢及麓，乃一山嘴，其下畎隴，土名姑婆磡，位橫瀝仔之東南側，當高坳之下。山畔有文器成墓，建於光緒丙子（公元一八七六年），碑刻土名『姑婆欽』，『欽』乃『磡』之音訛。

乾瀝徑　姚聖母廟　風吹羅帶

小牛潭山之南，有乾瀝，其西側有蹊，稱乾瀝徑，可下通姚聖母廟，上達小牛潭山巔。

姚聖母之神，發軔自荃灣下花山，輾轉流傳，分香來此。【註一】居人乃於小牛潭山下，建祠以祀，顏曰「姚聖母廟」，而不稱「烈女宮」。享殿之上，供奉女神坐像一尊。廟僅一進式，規模簡樸。其地因名姑婆磡，背枕一坵，林木叢蔚，則稱姑婆嶺焉。【註二】

小牛潭山之西南，距橫瀝仔之西約五〇〇米處，山麓之間，土名風吹羅帶，其西即井頭，與牛潭尾鄉公所近在咫尺。風吹羅帶高約二十餘米，山畔有文肖白塚，宣統庚戌（公元一九一〇年）立，碑刻謂：「十五世祖，清修職郎【註】，葬於土名風吹羅帶，則其地形也」云云。

【註一】拙著《香江方輿稽原略》卷十三〔**女神姚聖母**〕條云：「姚聖母者，本名姚蘭薇，明　弘治間粵之潮陽人，一說為福老（河洛）人。相傳因拒姦，跳崖死之，時年僅十七耳，朝廷感其貞烈，冊封為烈女，其族人遂建『烈女宮』以為祭祀，後尊為女神，號曰『姚聖母』，誕期以農曆六月十六成仙日、十月十六出生日云。顧其說乃出諸民間，不詳於方志典籍，宋人輯《三教源流搜神大全》、清人姚福均輯《鑄鼎餘聞》亦不載。考明　萬曆《續道藏》，有晉　干寶《搜神記輯本》，書中卷六錄〔**姚娘**〕一條，云：『姚氏名貞淑，漢　河平間居民女也，廟在博羅縣東莫村，歿而有神，故祠於此。』據此，則女神名姚貞淑，為漢成帝時人，與今所言姚聖母，兩者均有差異，惟其廟皆在博羅，殆亦粵人也，姑錄之於此以備考焉。……（下略）」

【註二】參閱上述〔**姑婆嶺**〕、〔**姑婆磡**〕條。

【註三】◎垤案：修職郎，官名，明置，為文職正八品封階，清因之。見清人黃本驥輯《歷代職官表》卷六「文官階」所載。

翁公壠山

小牛潭山北麓，田間起一坵，為翁公壟山，高三十七米，【註】一稱仰公龍，或為音近之訛。

【註】翁公壟山之高程據《香港地圖》GSGS3868 (1:20,000) 第十幅、GSGS L8811 (1:25,000) 第十幅，又《廣東地圖》GSGS4691（1:50,000）分幅 P10 SW 同。

低坳 牛潭山尾 草鞋嶺

小牛潭山之西為低坳，高約五十餘米，越之為牛潭山尾，言其位牛潭山脈之末端，因以名之，別稱牛潭尾松山。其南一岡，呈橢圓形者，土名草鞋嶺，今在牛潭尾軍營範圍內，西麓有神殿，乃前廓爾喀（Gurkha，或稱「辜加」）駐軍所崇祀。營外阡陌相接，村居櫛比，是為牛潭尾鄉，亦以地處牛潭山之盡處，故以得名焉。

風門坳

牛潭山尾又西，為紅花嶺，過脈處名風門坳，海拔甚低，僅約三十餘米，較其東之低坳尤所不及。山口為軍路所經，乃牛潭尾與稼軒廬兩營之交通孔道也。

牛潭山諸溪

牛潭山地勢，自東向西傾斜，東高而西低，其東、南、北三面，俱有山溪，獨西邊則無，蓋山脈遞降，盡入於平疇故也。諸溪之流向，前文多已敍之，今略作總結，再為之分述如左：

小龍潭水　蕉林瀝　茇樹坑　廟背瀝

山之東，有小龍潭水，出龍潭坳下，其上源稱坳瀝，集崩山之蕉林瀝、茇樹坑、廟背瀝而成流，於龍潭廟前，注入龍潭水。【註】

【註】　參閱《桂角山志》〔**桂角山陰諸澗**〕。

長瀝水　竹園坑　湖洋坑

長瀝水導源於大牛潭山東坡，至山頭頸之北側，會山頭瀝，出谷北流，納湖洋坑、竹園坑，過長瀝村西，於長瀝水口，注入淡水坑。

竹園坑出竹園山下，注入長瀝水，溪流甚短，水量亦稀。

湖洋坑出湖洋山中，其南源為嶺頭坑，會合後，下注湖洋田，於湖洋坑口與長瀝水匯。

蛇地坑　蛇石坑

蛇地坑出湖洋山東北之蛇石嶺，下注蛇地，因而得名，於坑頭對面，注入古洞

【自楊柑坑山遠眺牛潭背對景圖】

河。【註】蛇石坑在蛇石嶺東側，澗道甚短，下入麒麟坳背而注於魚塘中。

【註】《香港地圖》HM20C（1:20,000）第二幅無『古洞河』，而以雙魚河一名括之，似覺籠統。拙著《香港輿地山川志備攷》卷十二《河溪・水庫》〔**雙魚河**〕條云：「雙魚河，英名『比亞斯河』（R. Beas），源出大刀岃西坡之食水坑、隔下坑、油柑坑諸溪，……匯入打石湖水，過九龍頭（狗頭龍）、鵝地嘴，出谷後入蕉徑，是為淡水坑，……至中游為古洞河，……經麒麟山東麓，北流過古洞煙寮後，河道漸寬，是為下游，則稱雙魚河。……再過河上鄉之東，……於羅湖火車站西側，注入深圳河，屬後海灣水系。」（據原文節錄）

牛潭背東坑　牛潭背西坑　二嶺坑

山之北，大牛潭山之下，湖洋山與牛潭背間，出一溪為牛潭背東坑，北流出谷，過麒麟坳下，於大網沿納楊柑坑，至玉書嶺北之鹿尾村，與牛潭背西坑匯，是為麒麟河，入於新田沼澤中。牛潭背西坑出大牛潭山西北，在牛潭背與西坑嶺之間，北流出谷，經糞箕窩、彭龍地，於玉書嶺西北，注於牛潭背東坑。此外，尚有二嶺坑，出二嶺尾之下，西北向，經軍營入小磡村，流域甚短，水量不多。

坑尾召　牛潭尾東坑　牛潭瀝　橫瀝仔

山之南，龍潭坳之下，為坑尾召，乃牛潭尾東坑之上源，出谷後，流經牛潭尾南部，收桂角、雞公山陰之水，而成牛潭尾河。【註】牛潭瀝在大牛潭山西南，出二嶺坳之下，注於坑尾召，流量不豐。橫瀝仔在二嶺之西，乾瀝在小牛潭山之下，皆枯涸無水。以上所述諸溪，俱注入牛潭尾東坑。

【註】參閱《桂角山志》及《雞公山志》〔**山陰諸澗**〕條。

【附錄】

紅花嶺、圍仔嶺

紅花嶺與圍仔嶺，本為牛潭山脈之一部，然以地處牛潭尾谷外，故言牛潭山者，但至風門坳止，越此則視之為另一山矣。今仍附錄於牛潭山之後，以供省覽焉。

【紅花嶺全貌】

【紅花嶺地名詳圖】

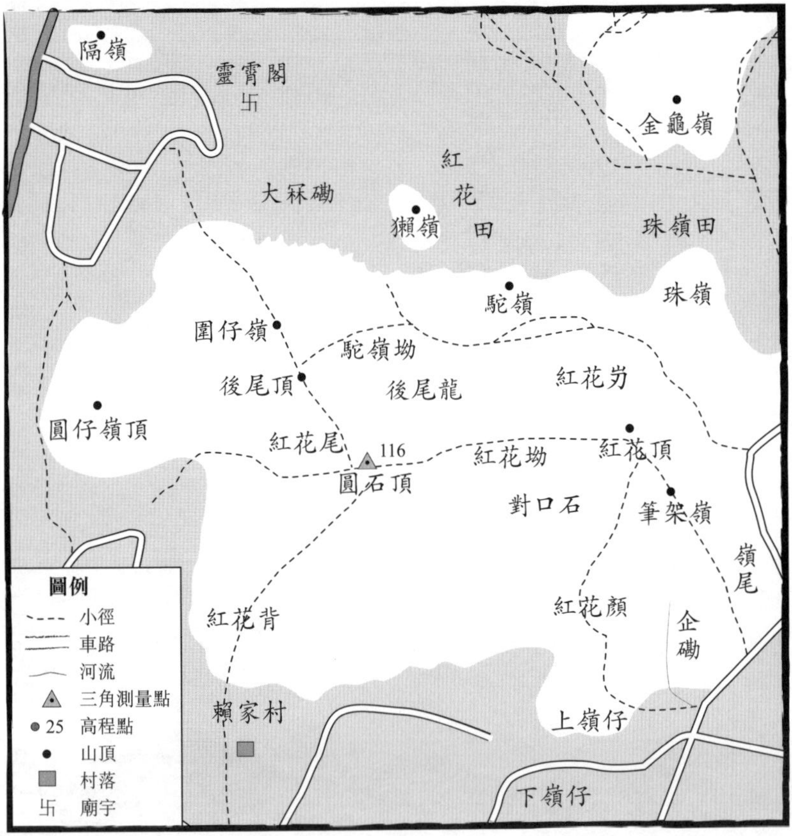
隔嶺
靈霄閣
金龜嶺
紅
花
田
大冧磡
獺嶺
珠嶺田
駝嶺
珠嶺
圍仔嶺
駝嶺坳
後尾頂
後尾龍
紅花岃
圓仔嶺頂
紅花尾
116
紅花坳
紅花頂
圓石頂
對口石
筆架嶺
嶺
尾
紅花顏
企
磡
紅花背
賴家村
上嶺仔
下嶺仔
圖例
小徑
車路
河流
三角測量點
25
高程點
山頂
村落
廟宇

圓石頂　紅花尾　後尾頂

紅花嶺在圍仔與賴家村之北，東北隔紅花田與金龜嶺互峙。【註一】紅花嶺主嵴東西橫列，其上數峰相屬，起伏如筆架。主峰居西，稱圓石頂，海拔一一六米，上有三角測點【註二】，其東副峰為紅花頂。主峰之西北，山口為紅花尾，坳畔小坵為後尾頂，其上山梁平緩，有水渠橫亙其間，越此與圍仔嶺接脈。

【註一】紅花嶺之北，尚有矮坵成列，位米埔村後者，土名甚多，均已詳載於拙著《香港輿地山川志備攷》卷十三中，因非本文範圍所及，且不勝枚舉，故略而不述。

【註二】圓石頂在《香港地圖》GSGS3868 (1:20,000) 第十幅，方格網為437227；又《香港地圖》HM20C (1:20,000) 第二幅，方格網為JK979893。兩圖均無標名。其高度據《香港地圖》GSGS3868(1:20,000) 第十幅、《香港地圖》GSGS L8811 (1:25,000) 第十幅及《英國海圖》六九六〇（1:50,000），均為一一六米。《香港地圖》GSGS L882 (1:25,000) 第一幅及《香港地圖》GSGS L884 (1:10,000) 分幅1D標高均為三八五呎，約相當一一七點四米，《廣東地圖》GSGS4691（1:50,000）分幅P10 SW標高為一二一米。反觀新版之《香港地圖》HM20C (1:20,000) 第二幅，標高則為八十四米，數據與前者相差甚遠，而圖中亦未繪上三角測點，殊欠準確。

後尾龍　元帥點兵　大冧磡

後尾頂北一嶂名後尾龍，降為元帥點兵，【註】其下山麓崩陷處，土名大冧磡。越壟又北，起小坵為隔嶺，高僅十餘米，位新田公路之東側，過此則入米埔範圍矣。

【註】土人謂是處原有舊墳，喝名『元帥點兵』，後竟用以作地名云。◎垤案：公元一九八三年四月十七日嘗赴該處作實地考察，果見有竹園村 明代始祖黃新隆墓，公元一九七六年丙辰重修，碑誌謂：「原籍東莞 官涌鄉，遷來新安縣 新安東路 新田 田下圍，後遷竹園村安居樂業，享年七十五，終於皇明 弘治十年五月初八日，卜葬於紅花嶺，地名元帥點將」云，方知原作『點將』，後則轉呼為『點兵』耳。

紅花磡　駝嶺　獺嶺　紅花背

主峰之北，山坡一帶，稱紅花磡，北麓接一坵，為駝嶺，與後尾龍之間，中隔駝嶺坳。餘脈又北，越蔗地再起獺嶺。附近四周，盡是

【駝嶺、獺嶺對景圖】

平疇，土名紅花田，成狹長形，東南抵珠嶺田，西北與紅花窩接。圓石頂之西南，長嵴下伸，稱紅花背，至賴家村，而入於平陽。

紅花坳　紅花頂　紅花岃　珠嶺

紅花坳在主峰圓石頂之東，上有『對口石』，兩石屹然相向，自山下仰覘之，尤為矚目。越坳起副峰，為紅花頂【註一】，高約百餘米，巔豎長杆，逢軍部操炮日，則懸紅旗以示警。其北一嵴，為紅花岃，餘勢下接一坧，為珠嶺，隔珠嶺田與金龜嶺南麓飛鳳含書相望。【註二】

【註一】紅花頂在《香港地圖》HM20C (1:20,000) 第二幅，方格網為 JK981894，圖中既無標名，又無標高。此圖於紅花嶺一帶，測繪尤為簡略，較其他同類地圖遜色。

【註二】清代宋氏墓，公元一九六六年重修，座落於金龜嶺之龜首處，墓誌土名紅花嶺。

對口石外貌

秤架嶺　蝦公蚶　嶺尾

紅花頂又東，下接三峰，齊列如螺髻，土名秤架嶺，或稱筆架嶺。餘勢東北向，落於田隴間，其形如鰲者，土名蝦公蚶，附近有文氏塚，清光緒二十八年（公元一九〇二年）立，墓誌土名紅花嶺，喝形『蝠鼠弄金錢』。紅花頂東南伸，為嶺尾，【註】其下即風門坳，與牛潭山尾接脈。

【註】『嶺尾』，為通用地名。此乃紅花嶺尾，與本志蛇石嶺尾、《麒麟山志》麒麟嶺尾為同名異地。

三峰起伏之筆架嶺

紅花顏　企磡　門頭墩

紅花頂之南，另起小峰，名紅花顏【註】，與嶺尾之間，夾一小谷，土名企磡，內有水渠，乃軍部所築，並闢作練靶場，與粉嶺小坑之龍尾山相若，惟規模則遜之。企磡之西口為上嶺仔，又南為下嶺仔，至門頭墩而盡。此數處皆位牛潭尾兵營內，屬軍事禁區，不能穿逾。

【註】『紅花顏』，或乃『紅花岩』之音異。

企磡、紅花顏所在位置，其下為牛潭尾軍營。

圍仔嶺

圍仔嶺在紅花嶺之西，主峰名圍仔嶺頂【註】，高約七十餘米，其西麓有圍仔村，山以之得名。北坡與後尾龍相混，下接大冧磡，入於平陽，與隔嶺及靈霄閣相望。

【註】圍仔嶺頂在《香港地圖》HM20C (1:20,000) 第二幅，方格網為 JK976894，中無標名，亦無標高。

【第四部】

麒麟山志

陳卓署

麒麟山志

麒麟山在牛潭山之北，自大牛潭山循主嵴北向遞降，經湖洋山、蛇石嶺、坳背頂，至最低處，有山口，即麒麟坳也。【註】過峽別舉一嶺，連峰相錯者，今統稱之為麒麟山。聞故老言：其山肖麟、獅合體之形，前半為麒麟山，後半為獅子嶺，於橫龍過脈，中以東心嶺為界云。

【註】 參閱以上《牛潭山志》。

【自牛潭山嶺尾眺望麒麟、獅山對景圖】

大嶺
麒麟頭
麒麟口
橫龍
麟腰
橫龍尾
坑尾山
二坳
打石山
打石坳
黃嶺
凹背頂

【麒麟山地名詳圖】

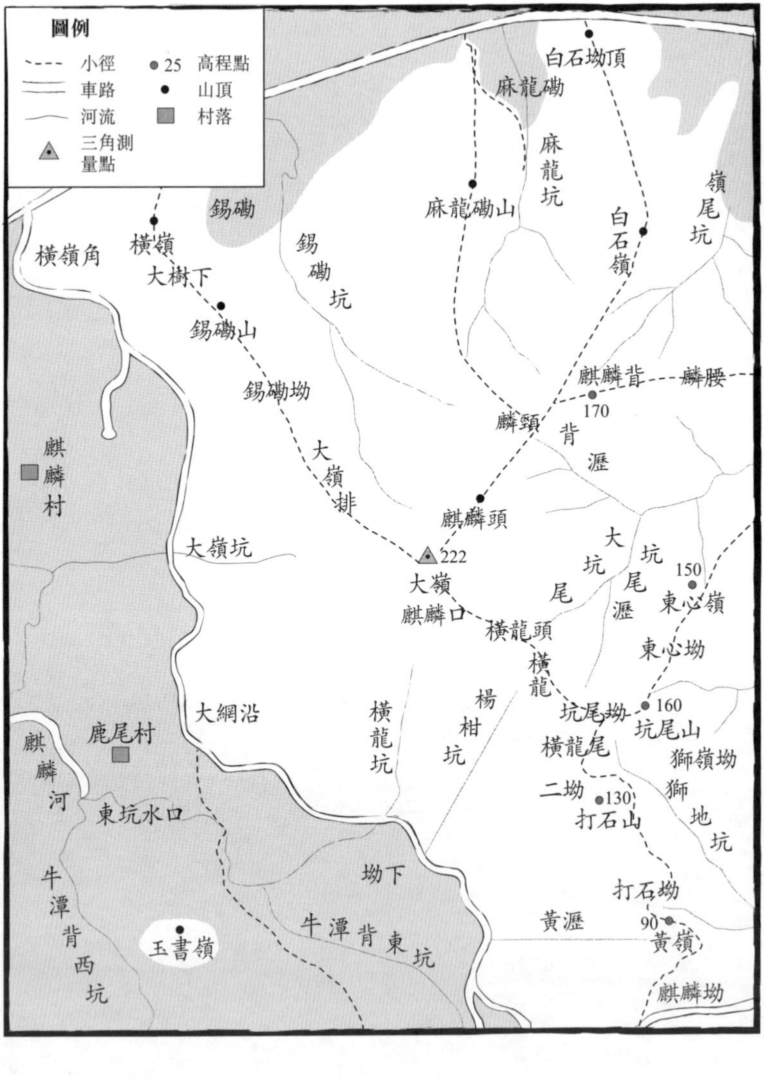
圖例
小徑
25 高程點
車路
山頂
河流
村落
三角測量點
白石坳頂
麻龍磡
麻龍坑
麻龍磡山
白石嶺
嶺尾坑
錫磡
橫嶺角
橫嶺
大樹下
錫磡坑
錫磡山
錫磡坳
麒麟背
麟腰
170
麟頭
背瀝
大嶺排
麒麟村
麒麟頭
大嶺坑
222
大嶺
麒麟口
大坑尾
坑尾瀝
150
東心嶺
橫龍頭
東心坳
橫龍
160
坑尾坳
坑尾山
大網沿
橫龍坑
楊柑坑
橫龍尾
獅嶺坳
鹿尾村
麒麟河
二坳
130
打石山
獅地坑
東坑水口
坳下
打石坳
牛潭背西坑
黃瀝
90
黃嶺
玉書嶺
牛潭背東坑
麒麟坳

麒麟山地誌

麒麟頭

麒麟山之主峰為麒麟頭，位全山之西方，海拔二二二米，有三角測點【註一】。一名大嶺山，主峰西南麓近鹿尾村口，山畔有舊塚，乃新田文族先塋，墓誌「土名大嶺山，麟吐玉書形」，可證也。【註二】

英人則呼『哈登山』（Hadden Hill），載於《香港九龍新界地名志》及《港九地名志》中【註三】。絕巘西坡，石崖陡峻，削壁凌空，遠眺若麟首昂天，形勢甚雄。北與鐵坑山對峙，登臨縱目，則黃岡口岸【註四】、落馬洲邊區、後海溼地、深圳河流域等處，均歷歷可指。自桂角山發脈，朝北走向，山勢驟降，至此而盡，沒於平陽。

【註一】 麒麟頭之方格網為KK005908。諸圖所標高程，則各略有出入，此乃據《香港地圖》GSGS L8811（1:25,000）第十幅及《香港地圖》HM20C (1:20,000) 第二幅，海拔均為二二二米。《香港地圖》GSGS3868（1:20,000）第十幅標高為二二〇米，《英國海圖》六九六〇（1:50,000）同。《香港地圖》GSGS3961（1:80,000）北幅為二二四米。《香港地圖》GSGS L681（1:100,000）第一幅為二二一米。又《廣東地圖》GSGS4691（1:50,000）分幅 P10 SW 為二二四米。《香港地圖》GSGS L884 (1:10,000) 分幅 1D，作七二七呎，約相當二二一點六米。

【註二】 該塚不知始建於何年，嘗於民國三十九年庚寅（公元一九五〇年）重修，後又於公元一九九七年十二月再修。碑銘載「太祖考鄉飲大賓麟峯府君文公之墓位」，右為「太祖妣趙氏」，左為「太祖妣陳氏」。據墓誌載：「公諱清玉，字佛寶，號麟峯，迺新田鄉 世歌祖之次子也。……公與孺人同葬土名大嶺山『麟吐玉書』形。」碑文附墓誌銘一首，乃文族後裔外孫鄧晃所撰，全文已載入拙著《香江方輿稽原略》卷七〔**大嶺山麟吐玉書墓**〕條，茲不贅焉。

【註三】 哈登山（Hadden Hill）一名，載《香港九龍新界地名志》頁二〇四、《港九地名志》頁二八，又見於《香港地圖》GSGS3868、《香港地圖》GSGS L8811、《香港地圖》GSGS3961、《香港地圖》GSGS L681、《香港地圖》GSGS L884、《廣東地圖》GSGS4691、《英國海圖》六九六〇各輿圖中。

【註四】 黃岡，今作皇崗。

麒麟背　麒麟尾　麒麟笏

麒麟山自麒麟頭起，主嵴東伸，下曳數峰，均為麒麟山主體。麒麟背位主峰之東偏北【註一】，高約一七〇米，兩者相連處，為『麟頸』。麒麟背又東，遞降至平緩處，為『麟腰』，前起一峰，是為麒麟尾，高一一九米【註二】，再降至盡處為麒麟笏，而沒於古洞平原，與何東夫人醫局近在咫尺。

【註一】麒麟背之方格網為KK007910。

【註二】麒麟尾之方格網為KK011911。其高度乃據《香港地圖》GSGS3868 (1:20,000) 第十幅及《香港地圖》GSGS L8811 (1:25,000) 第十幅。《香港地圖》GSGS L884 (1:10,000) 分幅1D，作四〇三呎，約相當一二二點八米。又《香港地圖》HM20C (1:20,000) 第二幅無標高。

【麒麟笏至東心嶺對景圖】

錫磡山　橫嶺角
麻龍磡　白石坳　嶺尾

麒麟頭之西北，長嵴降為大嶺排，越錫磡坳，起錫磡山【註一】，高約七十餘米，其東一谷，土名錫磡，山以之得名。山後稍降為大樹下，一坵前亙者，土名橫嶺，其盡處如魚尾，左右分岔，東名橫嶺腳，西名橫嶺角【註二】，此乃麒麟山之西北盡處也。

麒麟背之北，兩嵴歧出，中隔一谷為麻龍磡，其東白石嶺【註三】，長嵴北降，至白石坳頂【註四】，下接白石坳，隔新田公路與豬郎嶺相望【註五】。其西麻龍磡山【註六】，一嵴北降，下達洲頭路口，因位麻龍磡之上，故以得名焉。

麒麟尾之北麓，盡處一坧，土名嶺尾，【註七】隔新田公路與三兜松、叔婆磡相對。

【註一】錫磡山之方格網為KK002911。

【註二】橫嶺角之方格網為JK999912。

【註三】白石嶺之方格網為KK008912。

【註四】白石坳頂之方格網為KK005915。

【註五】豬郎嶺，或呼作豬峔嶺，與《牛潭山志》〔**坭鹿磡**〕條所言者為同名異地，不得混而為一也。

【註六】麻龍磡山之方格網為KK004913。

【註七】『嶺尾』，為通用地名。此乃麒麟嶺尾，與《牛潭山志》蛇石嶺尾、紅花嶺尾為同名異地。

【自麒麟頭俯瞰麻龍磡一帶形勢圖】

麒麟口　橫龍
坑尾坳　坑尾山

麒麟頭（大嶺）之南，陡坡之下，為麒麟口【註一】，中連一嶠為橫龍【註二】，山梁平曠，兩側嶔崎，如駕橋飛渡，形勝天成，此乃麟、獅兩山之過脈處——麟高而獅低。

橫龍北端為橫龍頭，與麒麟口相接，西有陡嶠，勢甚險仄，直薄山麓，乃大網沿所在【註三】。其南盡於橫龍尾，東向

越坑尾坳，接坑尾山。

坑尾坳與東心嶺，適位全山之中央，【註四】其下有獅地坑、東坑瀝，兩溪南北分導。橫龍尾之南為二坳，其下與打石山、黃嶺相連，再降即為麒麟坳。

坑尾山高約一六〇米【註五】，其東為獅嶺坳【註六】，越此即入獅嶺範疇矣。獅嶺坳前對獅頭嶺，北為東心嶺，西為打石山，南為獅地坑谷。

【麒麟頭一帶對景圖】

【註一】麒麟口之方格網為 KK005907。

【註二】橫龍之方格網為 KK006906。

【註三】大網沿之方格網為 KK004906，背枕橫龍，有峻峭相連。

【註四】坑尾坳之方格網為 KK008905。拙著《香港輿地山川志備攷》卷十三《山嶺・埡口》〔**坑尾坳**〕條云：「坑尾坳東倚坑尾山，西傍橫龍尾，南接麒麟坳，北連東心嶺，為麒麟山中之核心樞紐，形成麒麟山與獅子嶺之天然界線，亦乃兩山之地理分脈處，位置實甚重要也。又以坑尾瀝導源於其下，故有是名焉。」

【註五】坑尾山之方格網為 KK008905。

【註六】獅嶺坳之方格網為 KK009905。

東心嶺

坑尾坳東北為東心坳，土名『東心』

【自麒麟頭俯瞰獅山形勢圖】

者，實乃『中心』之諧音，兩者相連處為東坑頂，乃東坑瀝導源處，對下谷口即瀝尾。【註一】越東心坳起一頂，為東心嶺【註二】，高約一五〇米，座落於全山之中心，因以為名。【註三】該山或稱開丫嶺，以其位麟、獅兩山之間，當分脈之處，故名。『開丫』云者，謂其山形作兩邊分開，麒麟、獅子，一上一下，分庭頡頏，而東心嶺適居其中，成天然之分野，亦為兩者緩衝之界域也。東心嶺一嵴下伸，是為東心排，【註四】直落大窩，其盡處舊稱嶺嘴，附近有墓葬二所。

【註一】瀝尾之方格網為 KK009905，與獅嶺坳接近。
【註二】東心嶺之方格網為 KK009907。
【註三】參閱上述〈**坑尾坳**〉註。
【註四】桂角山中亦有東心排，與此為同名異地，參閱《桂角山志》〈中心排〉條。

二坳　打石山　打石坳　黃嶺

二坳【註一】在坑尾山之南，東隔獅地坑與獅嶺坳相對。山口當橫龍之下，附近山畔有廢堡。其南一頂為打石山【註二】，高約一三〇米，曩有採石於此者，故以名之，其下因稱打石坳【註三】，與黃嶺相接。黃嶺高約九十米【註四】，東西橫陳，下臨山口，即麒麟坳也。是處山間，昔有軍路，自麒麟坳始，經黃嶺、打石坳、打石山東坡，蜿蜒而升，以達二坳，雖廢置日久而痕跡猶存，今已蕪沒成荒徑矣。

【註一】二坳之方格網為 KK007904。

【註二】打石山之方格網為 KK008903。

【註三】今山中草木叢密，昔日採石之處，久已堙沒，無迹可尋矣。

【註四】黃嶺之方格網為 KK008902。

麒麟坳

麒麟坳今圖作『麒麟山坳』【註一】，別稱黃嶺坳，惟不甚通行。英名作『鞍峽』（Saddle Pass），載《香港九龍新界地名志》【註二】，高僅約五十餘米，牛潭山與麒麟山於此過脈。昔日以山口之東為坳背，西為坳下。坳背南側一嶺，土名坳背頂，或作凹背頂，乃湖洋山北伸之餘勢，已見前述，參閱《牛潭山志》所載。近世坳背、坳下兩邊，人煙稠密，村居櫛比，所佔範圍頗廣，散佈於麒麟山南至獅子嶺東麓一帶，今惟以一名括之，統稱曰麒麟村，而坳背、坳下之名，亦旋歸堙沒矣，雖詢諸居人，皆茫然而莫知所對也。【註三】

麒麟坳已構築車路，東通坳背麒麟村，西連坳下麒麟村，途經楊柑坑、大網沿、鹿尾村、橫嶺角，接新田公路，可達古洞、燕岡、金錢、上水等處，居民出入稱便焉。

【註一】麒麟坳之方格網為 KK008901。《香港地圖》HM20C (1:20,000) 第二幅作『麒麟山坳』。

【註二】鞍峽（Saddle Pass）一名，載《香港九龍新界地名志》頁二〇二，《港九地名志》缺載。又見於《香港地圖》GSGS3868、《香港地圖》GSGS L8811、《香港地圖》GSGS L884、《廣東地圖》GSGS4691 等。

【註三】如坳背之南側，坳背嶺東麓至蛇地一帶平野，前輩鄉耆稱「筷子埔」，今附近居者多從外地遷來，均非土著，問之則唯以麒麟村或坑頭作答耳。

獅子嶺

獅子嶺地誌

獅子頭　獅子背　獅尾坳　獅子尾　獅尾拖球

自坑尾山越獅嶺坳而東，即為獅子嶺。首舉一峰，為獅子頭【註一】，或稱獅頭嶺，有兩頂，高約一四〇餘米，巔多塹壕遺迹，有石碑刻『藝園界』三字【註二】，乃山下藝園村所立，屬上水坑頭鄉範疇。西與打石山相望。西南一谷，一溪東南向，為獅地坑。獅子頭之東，兩嵴朝東，中隔一壑，為獅背坑。獅子頭一嵴迤邐而東，稱獅頭排，有徑可循，及麓，越古洞河，可通坑頭大布。

獅子頭之北，起一峰為獅子背【註三】，高約一〇〇米，相連處稱『獅頸』。獅子背又東，山嵴修長處，稱『獅腰』，又前為獅尾坳【註四】，越之攀峻坡，登一頂，為獅子尾，高約八十餘米，其上灌叢繁茂，望之如黛，巔有建物，乃人工儲水池，稍降有三角測點【註五】，旁亦豎『藝園界』碑一方【註六】。山中有歐陽氏墓，清同治十年（公元一八七一年）建，重修於民國二年癸丑（公元一九一三年），碣書「土名坑頭獅子尾，獅尾拖球形」。餘嵴續降，至古洞坑村而盡。——此乃獅子嶺之概略也。

自麒麟頭俯瞰獅子嶺，唯見峰巒挹翠，盤紆曲折，若蛟龍之曼舞，其形勝之佳，較諸麒麟山，猶未遑多讓也。

【註一】獅子頭之方格網為KK010904。

【註二】『藝園界』三字為直書，其中『藝』字已漫漶，『園』字則簡書作『园』。

【註三】獅子背之方格網為KK012906，有李禮卿、王氏合墓，民國十四年（公元一九二五年）重修。

【註四】獅尾坳之方格網為KK014907。

【註五】獅子尾之方格網為KK014908，頂上之三角測量柱為新建，故其高程諸輿圖俱未載。

【獅頭嶺地名詳圖】

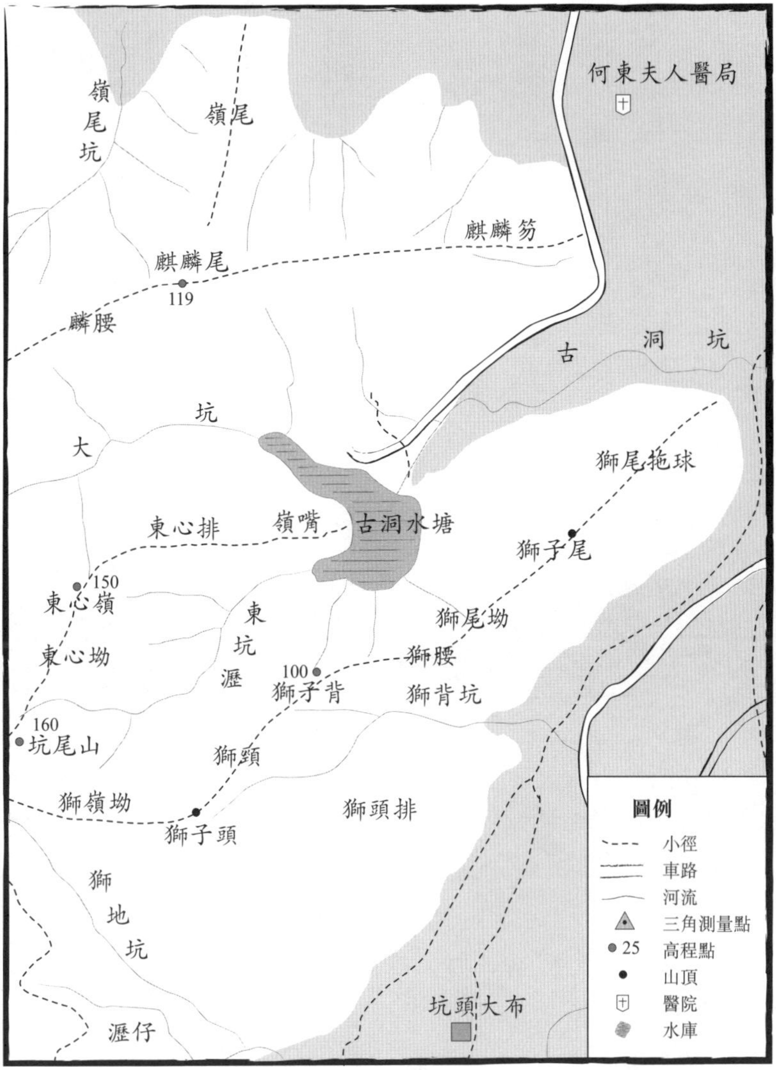
何東夫人醫局
嶺尾坑
嶺尾
麒麟尾
119
麒麟笏
麟腰
古洞坑
坑
大
獅尾拖球
東心排
嶺嘴
古洞水塘
獅子尾
150
東心嶺
東坑瀝
獅尾坳
東心坳
100
獅腰
獅子背
獅背坑
160
坑尾山
獅頭
獅嶺坳
獅子頭
獅頭排
獅地坑
瀝仔
坑頭大布
圖例
小徑
車路
河流
三角測量點
25
高程點
山頂
醫院
水庫

【註六】 此碑『藝園界』為直書，字甚清晰，『園』字亦簡作『园』，與前碑同，參閱前〔註二〕。可見獅子嶺自獅子頭起，以迄獅子尾，均屬藝園村範疇。

麒麟山、獅子嶺水系

麒麟山與獅子嶺周遭，東、西、北三方，均有溪谷，若大坑、獅地坑、獅背坑，乃位於東；楊柑坑、橫龍坑、大嶺坑，乃位於西；錫磡坑、麻龍坑、嶺尾坑，乃位於北。茲為分述之如次：

以東心嶺為天然分野之麒麟、獅子兩山。

大坑　大坑尾　大窩

大坑出麒麟口東側，在麒麟頭之南端，源頭處名大坑尾【註一】，另有南北兩源：南名坑尾瀝，出坑尾坳北；北名背瀝，出麒麟背下。三者合流，是為大坑，注於大窩，與東坑瀝匯。出谷，是為古洞坑，東流入於古洞河，此為麒麟山中最大之溪谷。昔大窩有田，賴之以作灌溉。迨於六〇年代，有司於大窩築壩截流，遂成古洞水塘。【註二】

【註一】大坑尾之方格網為KK007909。

【註二】據《香港地圖》GSGS L8811（1:25,000）第十幅，出版於公元一九五八年，麒麟山未見有水庫。又據《香港地圖》GSGS L884（1:10,000）分幅1D，出版於公元一九六九年，古洞水塘已存在，惟未有標名耳。由此可見，古洞水塘當興建於公元一九六〇年代。又因香港於公元一九六三年曾發生嚴重水荒，估計水塘當於公元一九六三年以後，至公元一九六九年以前築成。

東坑瀝

東坑瀝或稱開丫瀝，乃分隔麟、獅兩山之鴻溝，導源於東心坳下之瀝尾，其水東流，於大窩與大坑合。

獅地坑

在獅子頭與打石山谷中，源出坑尾坳南端，東

【東心嶺與獅山對景圖】

南流入古洞河，亦為麟、獅兩山之界水，其東歸獅子嶺，西屬麒麟山。南側有瀝仔，出打石坳之東，乃一小溝，水量不多。又打石坳之西，亦出小溪，土名黃瀝，西流至麒麟坳下，入於耕隴魚塘中。

獅背坑

獅背坑出獅子嶺『獅頸』之下，東流過獅子背，經獅頭排與『獅腰』間，出谷注入古洞河。

楊柑坑

或作洋柑坑，導源於橫龍尾南端，西南流向，澗道上陡下緩，出谷，注入牛潭背東坑。舊以沿溪灌林多楊柑，故名。【註一】楊柑為野果，或以同音字書作『洋柑』，

按即油柑子也，見《新安縣志》〔物產〕所載。【註二】

【註一】楊柑坑山上有文立觀、文大綱合墓，公元一九七六年嘗作重修，碑誌：「土名楊柑坑，雄鷹拍翼形。」該塚前對牛潭背之三仙嶺及嶺尾丫，於此眺望對方，山形頗似猛禽展翅之象。再上，另有文氏大墓一穴，其下正對玉書嶺。參閱《牛潭山志》〔**牛潭背**〕條。

【註二】《嘉慶新安志》卷三《輿地略》二〔物產・果類〕云：「油柑子，山果也，皮滑如柰，色青黃，大如彈丸。……一名洋柑。」油柑子又或稱餘甘子，見明　李時珍《本草綱目》卷三十一〔果部・夷果類〕，謂「其味初食苦澀，良久更甘，故曰餘甘」。

橫龍坑

導源於橫龍之下，因以為名。澗道甚陡，直下山麓，於大網沿附近，注入牛潭背東坑。

大嶺坑

出麒麟頭之下，西向穿逾峻坡，山勢巉削，溪水流失，澗道不顯，至山麓入於麒麟河。

錫磡坑

錫磡山與麻龍磡山間，一壑中藏錫磡坑，源出大嶺排東側，北流經錫磡，出谷，注入洲頭水。自粉嶺公路建成，其下游水道已淤塞。

麻龍坑

白石嶺與麻龍磡山間，中分一谷，其溪名麻龍坑，別稱老虎坑，源出麒麟背西側『麟頭』之下，北流入於洲頭水，為季節性小溪。

嶺尾坑

嶺尾坑，【註】出麒麟背東側『麟腰』之下，北流過嶺尾西側，入於洲頭水，此小溪流量甚稀，下游水道不顯。

【註】 與《雞公山志》〔嶺尾坑〕為同名異地。

綜上所述諸溪，皆麒麟山與獅子嶺水系之概略也。諸溪除大坑外，餘者或細流涓滴，或畎澮枯竭，較諸深山邃壑中，呈現澗水盈科，谿潭漲溢之狀者，此實難以倫比，更未可與之相提並論也。

參考文獻

南海 黃垤華岱峰 輯

下列圖籍，均為著者師堯堂書室藏本，因篇幅關係，或未能一一盡錄，幸讀者諒之。

（甲）第一部分 考訂專著

廣東方言十六卷。（一名：廣東俗語考）

民國 孔仲南撰，民國廿二年南方扶輪社刊本。

廣州語本字四十二卷。

民國 詹憲慈撰，一九九五年，香港中文大學出版社影印本。

新定九域志（古蹟）一卷。

宋 黃裳輯。北京 中華書局，一九八四年。

◎垤案：宋哲宗 紹聖四年（一〇九七年），黃裳輯錄各地山川、民俗、物產、古蹟等，以補《元豐九域志》之缺，名為《新定九域志》，凡十卷，其卷九為「古蹟」。《四庫全書總目》卷七十二著錄入「地理類存目」，未題作者姓名，謂是書乃南宋坊賈所增定，其說非是，不足為憑。今依王文楚《元豐九域志・前言》所說，題本書為宋 黃裳輯。——錄自拙著《師堯堂藏書錄》【史部・地理類・總志之屬】。

嘉慶重修一統志（廣東部分）二十卷。

清 穆彰阿等奉敕補纂，石印本，線裝九冊。

◎垤案：此本乃昔年購於香港 中環 商務印書館之特價古籍，全套《嘉慶一統志》中，僅得此九冊，且首尾封面均有缺頁，故於刊印年月及出版處均未得其詳，所幸有關廣東全省內容，則完整無缺耳。——節錄自拙著《師堯堂藏書錄》【史部・地理類・總志之屬】。

廣東通志（嘉靖本）七十卷、卷首一卷。

明　黃佐纂，明　嘉靖四十年（一五六一年）刻本。

香港　大東圖書公司影印，一九七七年。

廣東通志（道光本）三百三十四卷。

清　阮元等修，清　道光二年（一八二二年）初刻本。

廣東圖說九十二卷、卷首一卷。

清　郭嵩燾等修，清　桂文燦纂，清　陳澧、鄒伯奇等繪圖。

清　同治十三年（一八七四年）刻本。

廣東輿地圖說十四卷、卷首一卷。

清　李瀚章等修，清　廖廷相、楊士驤等纂。

清　宣統元年（一九〇九年）十月廣東參謀處刊本。

廣東輿地全圖不分卷。

清　張人駿修，清　佚名繪圖，清　宣統元年（一九〇九）刊本。

廣州府志一百六十三卷。

清　戴肇辰修，清　史澄等纂，清　光緒五年（一八七九）刻本。

新安縣志（康熙本）十三卷。

清　靳文謨修，清　鄧文蔚等纂。

清　康熙二十七年戊辰（一六八八年）新安縣衙刻本。

新安縣志（嘉慶本）二十四卷，卷首一卷。

清 舒懋官修；清 王崇熙纂，清 嘉慶二十五年（一八二〇年）刊本。

平遠縣志續編資料三卷。

近代 朱浩懷編纂，一九七五年刊。

◎垤案：朱浩懷（一九〇〇—一九八五），字晚慶，廣東 平遠 東石鎮 石磜下村人。畢業於北京民國大學經濟系。除本書外，尚著有《辛亥革命廣東北伐始末記》、《平遠之歷史與人物》等。——節錄自拙著《師堯堂藏書錄》【史部・地理類・方志之屬】。

錦田鄧氏師儉堂家譜不分卷。

近代 鄧惠翹修，香港 錦田 鄧氏鈔本，線裝一冊，未刊。

香港大學馮平山圖書館所藏中國族譜敍目一卷。

近代 羅香林撰，《中國族譜研究》下編抽印本。

◎垤案：羅香林（一九〇六—一九七八），字元一，號乙堂，祖籍廣東 興寧。一九五六年至一九六八年間，任香港大學中文系教授。年七十三卒。羅氏為著名歷史學家、客家研究開拓者，生平撰述宏富，較著者有《客家史料匯編》、《香港大學馮平山圖書館所藏中國族譜敍目》、《蒲壽庚傳》、《劉永福歷史草》、《中國民族史》、《大地勝遊記》、《乙堂文存》正續編，又輯錄《興寧先賢叢書初集》等。——錄自拙著《師堯堂藏書錄》【史部・傳記類・通錄之屬：家乘】。

歷代職官表（摘本）六卷。

清 黃本驥輯，清 道光二十六年（一八四六年）《三長物齋叢書》本。

◎垤案：清 乾隆官修之《歷代職官表》，凡七十二卷。道光間，黃本驥以原書內容繁贅，遂刪去釋文，僅存諸表，繫以簡要之清代官制說明，略為六卷，即此摘本也。——節錄自拙著《師堯堂藏書錄》【史部・政書類・職官之屬：官制（通制）】。

凌雲佛學研究社五週年紀念刊一卷。

近代　鎮盦主編，民國二十七年，香港　錦田　凌雲寺。

◎垤案：本書內容，分為五部，即刊詞、論說、傳記、講詞、雜俎是也。作者均用『法名』或『筆名』，其真名反晦而不彰，獨《凌雲寺史》一篇，知為宋學鵬所撰耳。宋學鵬（一八八〇－一九六二），香港著名作家兼歷史學者，曾任教於英皇、皇仁兩書院，博通英語，於漢學亦有所涉獵。年八十有三卒，著有《凌雲寺史》及有關香港史地研究文章多篇。港督金文泰（Sir Cecil Clementi，1875-1947）曾隨宋氏研習中文，並將招子庸《粵謳》譯成英語。凌雲佛學研究社刱於民國癸酉（一九三三年），社址在錦田　觀音山　凌雲寺，以住持智修為社長，至民國二十七年，時已歷五屆，乃將學員研習佛學論說之作，彙集纂輯而成是書，為鉛印斷句本，全一二二頁，由鎮庵主編。鎮庵者，其別號也，未悉為何許人，亦不詳其姓氏里貫。又此書《傳記》部分，收錄宋學鵬《凌雲寺史》及鎮庵《觀音山凌雲寺重興記》，每為治香港史地學者所徵引，如羅香林《香港前代史》第九章註三七、三八（見原書頁二一七），是其例也。余訪此書，久而不獲。癸酉秋日，嘗赴大嶼山　寶蓮禪寺，禮佛畢，閒坐殿外花圃，忽有緇衣，手持經卷，步過余側，時余方注神披閱《印光大師文鈔》，僧稍駐足，即以一書授余，且囑曰：「子當珍之！是書得來匪易，宜慎藏之以俟異日之用。」余曰：「諾！」言訖遂去，莫知所之。余取書觀覽，赫然即此本也，一時懽欣雀躍，莫可名狀，急趨以謝之，而僧侶芸芸，梵院深深，竟不知大德為誰何矣！——錄自拙著《師堯堂藏書錄》【史部・地理類・專志之屬：佛寺】。

香港雜記一卷。

清　陳鏸勳撰，清　光緒二十年甲午刊本。

香港地理不分卷。

近代　蘇子夏編，二〇一五年，香港　商務印書館重印本。

◎垤案：蘇子夏（一八九四－一九七三），安徽　太平人（今黃山市　黃山區），原名錫昌，字繼廎。民國七年畢業於北京大學商學院。曾任吳淞中國公學教授。……後入商務印書館，歷任編輯、編審、編審部部長。一九三七年上海淪陷，隨館遷移香港。香港淪陷後，又隨館內遷重慶，曾主編《地理學叢書》。……平素喜收藏古籍，曾手抄倫明所著《辛亥以來藏書紀事詩》，所庋多善本。……蘇氏退休後，專事中外交通史研究。……除本書外，尚著有《世界地理》、《商業地理》等書行世。年八十卒。——節錄《師堯堂藏書續錄》【史部・地理類・雜志之屬：香港】。

香港前代史不分卷。

近代　羅香林等編，一九五九年，香港　中國學社。

◎垤案：本書原題《一八四二年以前之香港及其對外交通》，其副題則為《香港前代史》，全書十章，末附照片圖版多幀，乃羅氏與門人莫秀馨等五女史合撰。內容所述，上自漢、晉，下迄清　道光二十二年（一八四二年），以香港前代歷史為限，此後香港即改歸英屬，則非本書範疇所及也。本書各章，內容分正文與註釋二類，正文簡約扼要，而註釋則不厭其詳，所論有關香港史事，地點包括屯門、大埔海、宋王臺、香港村、獅子嶺、西營盤、佛堂門、錦田等多處。而弟子作品中，羅氏補充之增註特多，尤富學術之參考價值。——錄自拙著《師堯堂藏書錄》【史部・地理類・輿地考訂之屬：香港】。

香港輿地山川志備攷二十五卷、卷首一卷、卷末一卷。

近代　黃垤華撰。

香港　師堯堂藏稾本，未刊，局部抽印本一冊，刊於一九八六年夏。

◎垤案：本書原名《香江山川圖志》，內容所述，皆關乎香港本境之歷史與地誌，積累二十餘年之搜羅與整理，以《香港九龍新界地名志》為藍本，而正其舛誤，補其遺缺，數易其稿，編纂而成，下限迄於七〇年代初。此後社會發展迅速，移山倒海，大事開闢，地貌改觀，迅息萬變，自非余書內容之所能及。雖然，余書所紀，亦有其可保存之價值，足資考證地名演變者尤多，其於專治香港歷史、輿地之學人，亦實有裨焉。然則本書可存於世也，固其宜矣。因倣清人張澍《涼州府志備攷》之例，易以今名。——錄自拙著《師堯堂藏書錄》【史部・地理類・輿地考訂之屬：香港】。

香江方輿稽原略二十卷、卷首一卷，附錄藝文編一卷。

近代　黃垤華撰。

香港　師堯堂藏稾本，未刊，有局部抽印本，分期刊出，免費贈閱，公諸同好。

◎垤案：本書發軔於一九五八年，時余參加『庸社』，追隨前輩吳灞陵、黃般若、黃賢修、布達才、黃敬禮、李紹興諸君子，逢週日出發，涉足香江郊原，飽覽斯土勝概，復得以遠離塵囂，信可樂也！是故遊屐所經，境內僻海荒山，無遠弗屆，而旅途所歷，必為紀錄，積累既久，資料遂多，乃采集整理，以隨筆方式，分區編寫，撰述經年，寖而成帙，顏曰《稽原略》云。書中所敘，舉凡風土掌故，里巷傳聞，古蹟名勝，庭園舊宅，梵宇琳宮，祠廟塚墓，山陬海澨，草木鳥獸，林林總總，靡所不談。信手書來，發乎自然，興之所至，不拘體例，遨遊之樂，實以致之，期與同道共享耳。——錄自拙著《師堯堂藏書錄》【史部・地理類・雜志之屬：香港】。

香江健行社採訪冊不分卷。

香江健行社山川採勝組編纂，手鈔紀錄本，四冊。一九六五年—一九八五年。

香港碑銘彙編不分卷。

〔英〕科大衛主編，一九八六年，香港博物館。

◎垤案：本書由英籍學者科大衛主編，助編者尚有倫霓霞、陸鴻基等。科大衛原名 David Faure（一九四七年生），香港中文大學歷史系教授，為華南史專家。本書收錄香港境內廟宇、祠堂、佛寺、道觀之碑銘，以及慈善團體、公共機構之碑誌，全錄其文，以排印斷句本方式付刊，分訂為十六開本三大冊，可謂洋洋大觀矣。然細按其文字內容，再據原碑與之互校，覺罣漏之處尚多，斷句亦有訛舛，似為急於付刊，未經專家審閱，鑒定而後出版，有以致之。且滄海遺珠，固亦不少，如民國十九年楊信等立元朗《公菴碑記》，一九六一年釋倓虛撰《修築大嶼山萬丈瀑梁屋村山路記》等，皆文章古雅，可堪一讀，而本書竟付闕如，誠可異耳！是故以余之所經歷，凡目覩碑銘碣石之類，有本書所未載者，則皆予以搜羅，薈集而輯錄之，編入拙著《香江方輿稽原略・藝文編》中以存參焉。——錄自拙著《師堯堂藏書錄》【史部・金石類・郡邑之屬：香港】。

南方草木狀三卷、南方草木狀圖六十幅一卷。

晉　嵇含撰；清　佚名繪圖，一九五五年，上海　商務印書館。

正文據《百川學海》本排印斷句，插圖據原繪冊頁影印。

植物名實圖考三十八卷。

清　吳其濬撰，民國八年（一九一九年）上海　商務印書館刊排印本。

植物名實圖考長編二十二卷。

清　吳其濬撰，民國八年（一九一九年）上海　商務印書館刊排印本。

增訂嶺南采藥錄不分卷。

民國　蕭步丹原撰；近代　莊兆祥增訂，一九六三年。

香港山脈形勢論一卷。

近代　吳師青撰，自刊鉛印本，線裝一冊，一九六四年。

酉陽雜俎前集二十卷、續集十卷。

唐　段成式撰。《四部叢刊》本，據明　趙氏脈望館本影印。線裝三冊，民國二十五年刊。

酉陽雜俎二十卷、續集十卷。

唐　段成式撰。《叢書集成初編》本，編號 0276-0278，據《津逮祕書》本排印斷句，民國二十五年刊。

談藪一卷。

宋　龐元英撰，《學海類編》本：《記述》，清　道光十一年（一八三一年）活字版排印本。

枕中書一卷。（一名：元始上真眾仙記）

〔舊題〕晉　葛洪撰。

《龍威祕書》一集，清　乾隆五十九年甲寅（一七九四年）刻本。

搜神記輯本六卷。

晉　干寶撰；明　佚名輯，明　萬曆三十五年（一六〇七年）《續道藏》本。

雲笈七籤一百二十二卷。
宋　張君房撰，《道藏》本。

繪圖三教源流搜神大全七卷。
宋　佚名輯，清　宣統己酉年（一九〇九年）葉德輝　郎園刻本。

鑄鼎餘聞四卷。
清　姚福均輯，清　光緒己亥（一八九九年）常熟　劉氏達經堂刻本。

餘菴詩艸十二卷。
近代　潘小磐撰，一九七四年自刊本。
◎垤案：本書卷十一題名《知非集》，有詠《香港新八景詩》，所擬者為：鯉門潮汐、青山禪磬、石排酒舫、鳳凰旭日、石澳濤聲、龍翔晚眺、塔門釣石、林邨飛瀑是也。其餘尚有遊嶂上、榕樹澳詩，《沙田坳道中》及《山行二絕句》等多首。又卷十二題名《行健集》，收錄作者《登雞公山》三首，又有詠《凌雲寺》詩一首等。潘小磐（一九一四—二〇〇一），原名世安，以字行，號餘菴，廣東　順德　大良人，香港名詩家。——節錄自拙著《師堯堂藏書錄》【集部・別集類・近代之屬】。

（乙）第二部分　徵引書刊

香港九龍新界地名志。A Gazetteer of Place Names in Hong Kong, Kowloon & The New Territories
香港政府編集，英文版，一九六〇年。

港九地名志。Hong Kong Gazetteer
陶吉亞（Thomas R Tregear）著。香港大學出版社，英文版，一九五八年。

香港地圖繪製史。Mapping Hong Kong — A Historical Atlas

哈爾　恩普森（Hal Empson）著。

香港政府新聞處，中、英文版，一九九二年。

香港九龍新界旅行手冊。

吳灞陵主編，香港　華僑日報社，一九五〇年。

◎埡案：吳灞陵（一九〇五—一九七六），原籍廣東　南海　蠕岡鄉人。香港華僑日報社編輯，常以鰲洋客筆名撰寫專欄，其筆下之香港，雋永無窮，令人沉醉。本書乃當年吳先生惠賜，並於扉頁題籤留念，甚屬珍貴。一九三二年，吳先生與黃佩佳、黃賢修、黃般若、布達才等組織『庸社』，逢週日舉辦旅行活動，同道者可隨意參加，糧水自備，行程結束，則自動解散，既無社址，亦無會員，號稱『超然組織』。香港淪陷期間，活動中斷，和平復員後，繼續舉辦至今。——錄自拙著《師堯堂藏書錄》　**【參考圖籍】**。

庸社行友六十週年紀念特刊。

香港　庸社仝人編，一九九二年。

三門仔新村遷村五十週年紀念特刊。

二〇一五年。

錦田鄉第三十三屆酬恩建醮特刊。

謝德隆主編；孟榮雲總編，香港　錦田市友鄰堂，二〇一五年。

香港地名探索。

饒玖才著，一九九八年。

◎埡案：饒玖才（一九三二年生），原籍廣東　興寧人。余摯友也，較余年長一歲。曾任職香港政府多年，退休後，常與余過從茶敍，談論有關香港史地之事。後移居加國，仍撰述不斷。除本書外，尚著有《香港舊風物》、《香港方物古今》、《嶺海漫話》、《華夏地名尋源》等，其中以《香港地名與地方歷史》一書為最重要，分上下兩冊出版。其專著余師堯堂均有藏本，皆為饒君所餽贈也。——錄自拙著《師堯堂藏書錄》　**【參考圖籍】**。

廣州話方言詞典。
饒秉才、歐陽覺亞、周無忌合著，一九八一年。

簡明香港方言詞典。
吳開斌編，一九九一年。

客家話詞典。
張維耿主編，一九九五年。

外國地名譯名手冊。
中國地名委員會編，一九八三年。

華僑日報　旅行雙週刊（各期）

（丙）第三部分　關係輿圖

香港地圖　GSGS 3868（1:20,000），一九四九。全套二十四幅，等高線間距：十米。
英軍部作戰處（War Office）繪製之《香港九龍新界地圖》系列，下同。

香港地圖　GSGS L8811（1:25,000），一九五八。全套二十四幅，等高線間距：十米。

香港地圖　GSGS L882（1:25,000），一九七〇。全套二十幅，等高線間距：五十呎。

香港地圖　GSGS L884（1:10,000），一九七一。全套六十四幅，等高線間距：五十呎。

香港地圖　GSGS 3961（1:80,000），一九四五。香港全境圖（南北兩幅），等高線間距：五十米。

香港地圖 GSGS L681（1:100,000），一九五八，公制版。香港全境圖（南北兩幅），等高線間距：五十米。

香港地圖 GSGS L681（1:100,000），一九七〇，英制版。香港全境圖（南北兩幅），等高線間距：二五〇呎。

香港地圖 HM20C (1:20,000)（WGS84 座標網），一九九六至最近。全套十六幅，等高線間距：二十米。

香港政府地政總署測繪處繪製之《香港九龍新界地圖》系列。

香港特別行政區 HM50CP（1:50,000），一九九八。香港全境（東西兩幅），等高線間距：五十米。

香港政府地政總署測繪處繪製。

香港土地使用圖 (1:80,000)

A Survey of Land Use in Hong Kong & The NewTerritories – with Land Use Map

陶吉亞（Thomas R. Tregear）編製。

香港大學出版社，中、英文版，一九五八年三月。無等高線。

此圖以英軍部作戰處（War Office）繪製之 GSGS 3961（1:80,000）地圖為藍本加以改編而成。

廣東地圖 GSGS 4691 (1:50,000)，一九四九。全套一百零三幅，等高線間距：二十米，其中包括香港全境在內。

英軍部作戰處（War Office）繪製。

英國海圖，編號三四三（1:50,000），汲水門，一九六二年。等高線間距：五十米。

英國海軍測量局海圖（BAHO CHART）繪製系列。

英國海圖，編號九三九（1:50,000），大鵬灣，一九六二年。等高線間距：五十米。

英國海軍測量局海圖（BAHO CHART）繪製系列。

英國海圖，編號六九六〇（1:50,000），後海，一九六五年。等高線間距：五十米。

英軍部作戰處（War Office）海圖繪製系列。

英國海圖，編號三三二九（1:14,530），大埔海 (Tolo Harbour)，一九六九年。
英國海軍測量局海圖（BAHO CHART）繪製系列。

英國海圖，編號三五四四（1:12,140），印洲塘 (Double Haven)，一九三九年。
英國海軍測量局海圖（BAHO CHART）繪製系列。

後記

歐陽修《醉翁亭記》的一句開場白是：「環滁皆山也」，試把它用來形容香港環境，也是很合適的。香港地形獨特，雖是彈丸之地，卻不乏名山大川，如大帽山的高聳，鳳凰山的雄偉，馬鞍山的巉峻，梧桐寨瀑布的澎湃奔騰，這與其他地方相比，真是不遑多讓。加上交通便利，只須花很短時間，就可親近大自然。生於斯，長於斯的我，那會放過這天時地利的大好機緣，於是每逢假日，便結伴暢遊，享受上天給予我們的恩賜。

在行山過程中，可以學習到多方面的野外知識，觀察到不同類型的新鮮事物。例如：對喜愛研究植物學的人，這兒也可找到奇花異卉和珍稀草藥，堪稱是一個天然的大寶庫；喜歡鑽研地質學的，香港擁有獨特的地貌和岩石，已被列為世界地質公園之一，也無需跑到他方去探求；至於對愛好攝影人士來説，也不乏山清水秀，風光明媚的自然景觀，可提供不少多彩多姿的創作元素。可謂各適其適，任君去領略和接觸。但有一事令人費解，就是於旅遊過程中，對山川地理的探索，卻經常遇到一些阻滯，這就是關於地名的問題。在坊間可買到的地圖，對偏遠山區，所載地名只有寥寥數處，尤其是郊野，更是一大片空白，就算標上土名，也不時張冠李戴，總覺得不是味兒。就以桂角山為例，把整座山誤標作雞公山，殊不知它只是山脈其中的一部分，但卻一直貽誤至今，把早已在《新安縣志》記載的桂角山堙沒了，久而久之，再也很難把它復原。其次是在野外活動過程中，不時會發現廢村和荒田遺跡，心想這一帶曾有土著活動的地方，為何都沒有名稱？那完全是不合邏輯的。這一大堆疑團難以破解，直至遇到本書作者，才獲得一些端倪。黃老師早在六十年代，有鑒於坊間出版的地圖，地名甚為貧乏，資料也不詳盡，於是和志同道合者，創立香江健行社，先將香港全境，劃分成二十五區，並利用業餘時間，和會友一起，到各分區進行考察和採訪，應用問卷方式，將所見所聞，詳細紀錄下來，把地名登記入採訪冊中，再填入精測的地圖內。經過數十年搜證薈集，便漸見成效，更編輯成書，計有數種之多。

老師為人健談，學識廣博，從不吝惜把所得資料，樂意與人分享。在潛移默化下，我也對這方面產生濃厚的興趣，漸漸地也加入這搜索和採集地名的活動。在尋找過程中，不時需披荊斬棘，上山下鄉，深入鮮為人到的地方；有時須走訪四鄉向村民討教；也百無禁忌地不惜向墓主『問路』（不少古墓碑誌上刻有土名）。經過抽絲剝繭，順藤摸瓜，和向各方尋求佐證之下，答案便陸續地浮現出來。過程中的苦與樂，只有身歷其境者才能知道。

所謂獨樂樂，不如眾樂樂，老師把幾十年搜集得來的資料，用創新手法，並參考師堯堂書室所藏的方志古藉，吸取前輩的修志手法，編纂了這本以香港山嶺為題，推出第一冊山志的合訂本——《桂角山志》、《雞公山志》、《牛潭山志》和《麒麟山志》，淋漓盡致地把山嶺、河流的土名完全披露出來，再配以地圖和對景圖（front view）的應用，好讓讀者能易於掌握和理解。

最後，衷心感謝來復會　何幼惠老師、陳卓老師和何乃文老師為本書題籤，饒玖才前輩惠賜序文，令本書增色不少。更有賴商務印書館破格依照作者文章體系，盡量保持原貌，不加任何修改，協助出版，本書才得以順利刊行。但願這本書能引起讀者的興趣，好讓大家同心協力，齊來把香港堙沒了的土名重新發掘出來，保存原有的本土地名文化特色，這也是我們期盼已久，正想獲得的一份珍貴非物質文化遺產。

潘熹玟 謹識　二〇一六年春

8

5

4

【地名索引】

按四角號碼排序

0

1

【西名索引】